湛庐 CHEERS

与最聪明的人共同进化

HERE COMES EVERYBODY

CHEERS
湛庐

分心的孩子这样教

ADHD
必读系列

[美]爱德华·哈洛韦尔 彼得·詹森 著
Edward M. Hallowell Peter S. Jensen

丁凡 译

SUPER-PARENTING FOR ADD

浙江教育出版社·杭州

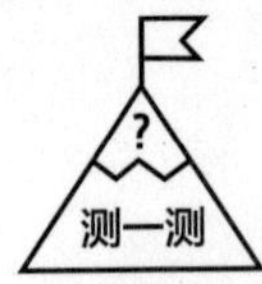

你知道如何养育分心的孩子吗？

扫码加入书架
领取阅读激励

扫码获取全部测试题及答案，
一起了解如何发掘爱分心
孩子的潜在优势

- 强调孩子的优势是否意味着要一味地表扬孩子？

  A. 是

  B. 否

- 如果给幼儿一个时钟，他们有的会拿起来仔细研究，有的会乱丢，有的根本没注意到时钟，还有的看到时钟会发笑，这些不同的反应是由什么决定的？（单选题）

  A. 智商

  B. 父母的教育风格

  C. 孩子的情绪模式

  D. 孩子天生的意动功能

- 有效发掘孩子优势的步骤是：联结、玩耍、练习、掌握技能和得到认可。大部分父母和老师常犯的错误是他们过快地跳到了哪一步？（单选题）

  A. 玩耍

  B. 练习

  C. 掌握技能

  D. 得到认可

扫描左侧二维码查看本书更多测试题

点燃你内心的创造力火焰

我的梦想就要实现了。仅仅是写下这几个字，就令我兴奋得喘不过气来。几十年来，我一直梦想着把我所掌握的 ADHD 相关知识传递给中国读者，想让大洋彼岸的人们也能认识到 ADHD 潜在的强大力量。

ADHD 是注意缺陷多动障碍的缩写，这种病被大众误解了很多年。误解恰恰来源于这个名字。我就患有 ADHD，但是相信我，我没有注意力不足的问题。我们这些患有 ADHD 的人根本不是注意力不足，恰恰相反，我们是注意力过剩。我们面临的挑战一直都是如何控制注意力。自从

1981 年我第一次了解 ADHD 以来，我的工作就是向大众解释它的真相，不仅讨论它可能导致的问题，更重要的是向大众揭示 ADHD 的特殊之处。

例如，被广泛用来诊断新型冠状病毒的 PCR 测试，它的发明者凯里・穆利斯（Kary Mullis）就患有 ADHD。他因 PCR 获得了 1993 年诺贝尔化学奖。捷蓝航空公司的创始人戴维・尼尔曼（David Neeleman）也患有 ADHD，他就将自己的创业天赋归功于 ADHD。2016 年里约奥运会的铅球金牌得主米歇尔・卡特（Michelle Carter）同时患有 ADHD 和阅读障碍。

我也患有 ADHD 和阅读障碍，但我仍然过上了很好的生活。虽然两者都给我带来了一些困扰，但我不仅没被打倒，还应对得很好。我以优异的成绩毕业于哈佛大学，同时主修英语和医学预科，后来成为一名医生和学习差异方面的专家。我还撰写了 23 本书，探讨了包括 ADHD 在内的多个主题。

我说这些的目的是从一开始就告诉你，患有 ADHD 不等于你的一生就要与焦虑、担心、伤痛为伴。它确实会给你的生活带来无数麻烦，但是，这并不是一种必然！如果你能学会与它相处，你也可以生活得很好。事实上，如果你能和 ADHD 和平共处，它甚至能助你取得高水平的成就。凯里・穆利斯、戴维・尼尔曼、米歇尔・卡特，以及其他数以万计的成功人士的人生经验就是最有力的证明。

因此，我很荣幸，能够将我所掌握的知识和最新的信息传递给中国读者，特别是中国的孩子。正如我开头所说，这是梦想成真的感觉。

我有三个孩子，我知道抚养孩子不是有爱就够了。我知道为他们担心意味着什么，我知道需要帮助的感觉。希望我的书会给你需要的帮助。

有些孩子天生具有与众不同的学习基因，他们有无边的创造力、好奇心和想象力。这样的人几百年前就有了，只不过那时我们还不知道 ADHD 或阅读障碍的存在。

然而，那个时代的人们在评价这样的孩子时，几乎都是在谴责。人们斥责他们缺乏纪律性、懒惰、破坏性强、愚蠢，他们被视为社会的污点。仅仅因为这些孩子不能顺从大人，他们就被忽视、遗忘、虐待甚至折磨。

如果你像我一样热爱生活、热爱孩子，那么读到这些描述时，你会无比痛苦。幸运的是，现在无数善良的人学会运用科学知识来拯救这些孩子。事实证明，他们不仅没有那么糟糕，而且还拥有巨大的天赋。

从 20 世纪开始，患有 ADHD 的孩子的行为总是招致道德层面的污名，人们认为羞辱、嘲笑和体罚是对这种行为最有效的干预措施。对患有 ADHD 的孩子来说，那是一段黑暗历史。最终，科学的进步带来了曙光。科学照亮的最重要的一个领域就是大脑，特别是在儿童如何学习、如何表现，以及人的情绪从何而来这些方面，我们的认知取得了巨大进展。

相比 100 年前，甚至 50 年前，我们在养育孩子这件事上已经幸运很多了。我们现在彻底明白而不仅仅是相信，形容一个人愚蠢或聪明是毫无意义的，你需要表述的是他“在什么方面愚蠢”和“在什么方面聪明”。

我在女儿 7 岁（她现在 33 岁了）时为她写过一个儿童故事，在故事中我总结了神经科学的进步：

> 没有两个一模一样的大脑，
> 也没有完美的大脑，
> 每个大脑都能找到自己独特的运行方式。

这就是事实。教育的目的是帮助每个孩子发现他有什么样的大脑，找到它“独特的运行方式”。

每个孩子都有天赋。这些天赋就像未拆开的礼物，要靠父母、老师、教练、医生、长辈、亲戚，甚至整个社区及国家的帮助才能一一打开。只有这样，孩子在长大后，才知道他们拥有什么礼物，以及如何利用它们来发挥自己的优势，改善所处的环境，创造一个更好的世界。

很荣幸湛庐将我的四本书作为一个系列推出。这一系列主要从如何发现你和孩子的天赋展开，我还给出了在生活中应对分心的所有建议。

据我了解，中国约有 2500 万儿童患有 ADHD，至少还有 2.5 亿成年人也患有这种疾病。这些成人也完全可以像孩子那样，从学习找到天赋的过程中有所收获。

这一系列的第一本《分心不是我的错》于 1994 年问世。在该书出版之前，很少有人听说过注意缺陷。当时只叫“注意缺陷”，后来才加上“多动”。

在之后的 10 年里，这个领域迅速发展，我掌握了足够的新知识来写一本新书。所以 2005 年这一系列的第二本《写给分心者的生活指南》出版了。

之后，由于越来越多的父母向我寻求指导，想让我帮助他们学习方式各异的孩子发挥最大潜力，我又写了第三本《分心的孩子这样教》。

这一系列的第四本《分心的优势》，综合了目前最有效果的各种治疗策略，希望能够真正帮助分心者聚焦自身优势，找到自己的用武之地。

现在，我要简单说明一下 ADD（注意缺陷障碍）与 ADHD（注意缺陷多动障碍）的区别。ADHD 是现在普遍认可和使用的正式名称。当医学界把“多动”加进去后，就诊断而言，ADD 就不存在了。然而，各个年龄段的数百万人都有注意缺陷，尤其是女性，但她们不多动，主要是注意力不集中。我们现在只能用“以注意障碍为主型的 ADHD”来形容有注意力不集中的症状但不具有多动或冲动症状的人，用“混合型 ADHD”来形容既有注意力不集中的症状又有多动或冲动症状的人。

说到 ADHD 的定义，在美国，90% 的人都认为他们对 ADHD 很了解。其实不然。我想用一个比喻来说明它。一个人患有 ADHD 就像有一个法拉利赛车般的大脑，却配备了自行车的刹车片。它有一个非常强大的引擎，可以跑得很快，但是很难减速或停下来。拥有一辆刹车不良的法拉利是很危险的，但这就是患有 ADHD 的孩子以及他们的家人每天面对的情况。

作为一个发现天赋的专业人士，我的工作是帮助患有 ADHD 的人强化他们的刹车系统。我在“分心系列”中描述了我使用的许多技巧。

其中一个技巧基于哈佛大学的一项研究：小脑在调节多动症方面的作用。我们一直都知道小脑是帮助控制身体的平衡和协调的，但在哈佛大学这项研究出现之前，我们不知道小脑也参与了认知和情绪调节。经过研究，我们兴奋地发现，ADHD 患者通过做平衡练习来刺激小脑，症状得到了明显改善，他们更专注了，组织性和情绪控制力也得到了提升。

思欣跃儿童优脑（Cogleap）的创始人及首席执行官杰克·陈（Jack Chen）是医疗保健领域技术创新的引领者，他开发了一套基于平衡和小脑刺激的 ADHD 疗法。这种疗法不使用药物，而是依靠教育、辅导和有针对性的身体锻炼来帮助患者提高注意力、加强执行功能和维持情绪稳定。

借助技巧和练习，患有 ADHD 的儿童或成年人强化了大脑的刹车系统，也能更好地利用自己隐藏的天赋。

这些天赋通常包括创造力、独创性、创业精神、丰富的想象力和敏锐的观察力。分心者完全能成为一个有远见的人、一个预言家或一个敏锐的医生。他们从不放弃，天生慷慨大度。这些才能和天赋没有一个是可以买得到或轻易教育出来的。患有 ADHD 的人很幸运，他们生来就有这些天赋。

这些天赋对中国的孩子来说尤为特殊，因为中国的教育体系擅长培养能够严格遵守指令，按照老师要求做的学生，但他们在创造力和原创性思维方面可能会有所不足。能把“分心系列”带到中国，我的一个梦想就实现了。如果我的书能够帮助中国孩子以及成年人，让他们每天都有新想法、提出创造性问题、开辟新天地、允许自己犯错，我将会有巨大的成就感。

我很高兴看到中国孩子开始接受一种新的教育模式——游戏式的教育。我在“分心系列”中都提到了游戏，但是我所说的游戏并不是大多数人以为的意思，也不是课间休息时的游戏或放学后的玩耍。

我说的游戏是指人类思维进行的高级活动，是任何点燃想象力的活动，任何涉及发明、创新、进入未知领域的活动。游戏是只有人类能做的事情，至少目前连人工智能也无法企及。

在“分心系列”中，你会发现人类思维的神奇之处，了解如何点燃和利用你或你的孩子体内的创造力火焰。你也会看到一个患有 ADHD 的成人的世界就像孩子一样丰富。正是因为这些才华横溢的人带来的无限可能性，我们的世界才变得越来越好。

最后，我要感谢湛庐的编辑团队，也感谢我的朋友和合作伙伴杰克·陈。我还要感谢 5 年前我在上海演讲时热情的听众，感谢他们教会我的一切。希望我的“分心系列”能给中国读者带来一点回报。

目录

第二部分 发掘孩子的优势

第一部分

爱孩子的真实样貌

SUPER-PARENTING FOR ADD

爱孩子的真实样貌，
当养育不顺利时，
努力记住这一点。
有时候，
你是他唯一拥有的。

第1章

分心的孩子什么样

大部分成年人并不了解分心[①]孩子是什么样的。我们根据真实生活经历和对数千个分心孩子的治疗经验，虚构了一段分心高中生的内心独白。希望能帮助你了解分心孩子生活的真实面貌。

分心是怎样的呢？我也不知道分心到底什么样。我跟你说说我这个人是怎样的。我的人生很精彩。我妈妈担心我太沮丧，担心我自尊心受挫。可是我很热爱我的生活，我只是讨厌学校，也讨厌某些人。其实我也不是讨厌他们，我只是跟一些不了解我的

① 本书提到的“分心”在临床上通常被称作“注意缺陷障碍”（Attention Deficit Disorder，ADD）。在美国《精神障碍诊断与统计手册》（第4版）（DSM-Ⅳ）中，ADD为“注意缺陷多动障碍”（Attention Deficit Hyperactivity Disorder，ADHD）的一种亚型，而在DSM-Ⅴ中，对ADHD不再区分类型，只描述不同的表现形式。——编者注

人之间有些矛盾，你知道，就是那些连常识都搞不懂的人，那些一定要把甜甜圈翻过来才知道另一面是什么样的笨蛋。我觉得再清楚不过的事情，有些人就是弄不明白，真奇怪。倒不是说我觉得自己都是对的，而是说，我无法理解，一些再明白不过的事情，为什么别人就是看不出来。好奇怪啊，有时候我会因为说真话而惹上麻烦。

学校一向很坏。我用“坏”这个字你不介意吧？我不是故意要让你不舒服，我不想让任何人不舒服。大家都说我一天到晚得罪人，可是我真的不是故意的。我为什么要故意得罪人呢？这对我又没有什么好处，只会让别人生我的气。即使是那些一本正经和愚蠢的人，我也不想得罪。你知道的，谁都不想得罪人！

问题是，对大部分人来说很难的事情，对我来说很简单，对大部分人来说很容易的事情，对我来说却很难。举例来说，记住今天是星期几，应该很简单吧？可是对我而言就是好难好难！我会把星期四（Thursday）记成星期二（Tuesday）。我的意思是说，大部分人能把这两个单词分得很清楚，可是在我的脑袋里，它们没什么不同。它们都是“T”开头的，都不是周末的意思，有什么差别吗？日历上的标注也很混乱，总是把星期二缩写成“TU”，把星期四缩写成“TH”；而其他日子可以缩写成互不相似的单个字母，比如 M（Monday，星期一）、W（Wednesday，星期三）和 F（Friday，星期五）。

如果连日历中的星期二和星期四都区分不清的话，那我有时候搞不清楚其他更复杂的事情也不奇怪了。可是如果我跟别人这样说，他们看我的眼光就好像我很不正常，好像我是笨蛋一样，或者认为我在故意耍小聪明和捣乱。但是你倒说说看，星期二和星期四到底有什么不同？我看没有什么不同，都是周间日子。我们有周间日子就好了，管它到底是哪一天呢？当然，你必须知道哪一天得去哪里之类的事情，所以记住日子很重要。但是有些人就是太在乎了，好像这是他们生活中最重要的事情似的，每天早上一醒来就在想今天是星期几，甚至去上学或上班的路上也在想这件事。遇到我这种有时候搞不清楚今天是星期几的人，他们就会觉得我很奇怪，好像我是外星人。我看得出来，他们觉得我应该住在垃圾堆里，只因为我搞不清今天是星期几，而他们却花了一个早上才记住今天是星期几。

其他的事情对我来说也很难，比如我总是忘记关上厨房柜子的门。妈妈觉得我可能真的是个笨蛋，不然我应该记得关上门。可是我对天发誓，我真的记不住。我从柜子里拿了花生酱和面包，烤了吐司，涂上花生酱。开了另外一个柜子拿盘子，因为妈妈总是让我用盘子装食物。我又打开另外一个柜子拿杯子，因为妈妈坚持让我用杯子喝牛奶，不让我对着牛奶瓶直接喝。所以我把牛奶倒在玻璃杯里，然后端着食物去地下室看电视。我根本没去想柜子的门关了没有。我其实很想随手关上柜子门，因为我不想惹妈妈生气，可是我就是不过脑子，做好食物就直接下楼了，开着的柜子门已经被我抛到脑后了。

关水龙头和关灯也是一样，还有脏衣服，我真不知道我把脏衣服都丢在哪里了。脱掉的衣服总是被我丢得到处都是，可是我真的察觉不到。如果你说你把一个东西放在那里，听起来像是你特意要把它放在那里，而我只是脱衣服，然后就不去想衣服的事了。这样就算有病吗？我不知道。我不觉得自己有病。老实说，我觉得这些家伙好可悲，他们老是在乎脏衣服要放在哪里，好像他们脑子里有一张地图，袜子放在这里、短裤放在那里、毛巾放在架子上、衬衫摆这里……老兄，那才奇怪。你想想看，他们脑子里还有些什么啊？厨房柜子的门，关好了；水龙头，关好了；电灯开关，检查一下；袜子，放好了。你要是让我也那样做，我会觉得那太恐怖了。

我不知道他们是怎么做到的，但他们这样的人在学校里可受欢迎了。在正确的日子把正确的作业交给正确的人，作业完成得如何并不重要，只要你能准时交作业，就不会有任何麻烦。这取决于你能不能记住每一个细节，即使你对这些事情一点儿兴趣也没有。你只需要记住：这些人掌握了你的未来，他们想让你把他们关心的事情放在心上，这些事情越无聊，而你越能保持兴趣，那么你的成绩可能就越好。如果你能假装自己真的很有兴趣就更棒了。比如，你可以说：“托马斯老师，我真的很喜欢背这些法语单词的词性，因为英语里没有阴阳词性的分别，了解法语单词的阴阳词性会让我变得更优秀。”好像你真的觉得这个很酷，虽然你打心底里觉得这是世界上最无聊的事。“马屁精”说完之后，我也举手说：“托马斯老师，我对阴阳词性没有马克那样的热情。我可不可以不背，让马克帮我背就好了？”然后我就惹上麻烦了，马克却得到一封很棒的申请大学的推荐信。

妈妈告诉我，说那些话很蠢。我说：“当时每个人心里都那样想。”她说：“我知道，可是为什么只有你说出来呢？”老实说我也不知道，但是我一定要说出来，我就是这样的人。我想，这大概也是分心造成的吧，我并不是故意的。天呐，如果我能预料到后果，我根本就不会开口了。比如如果我事先想过，我当然会知道托马斯老师不会喜欢我说的话。可是我还来不及想，就直接说出来了。我妈妈就是不理解这一点。她说：“你知道吗？这样会让你的名声很差，让那些不喜欢你的人有机会说你的坏话！”她说得对，我知道她想帮我，我很感谢她，但那是她的想法，我不这么想。我想到什么、看到什么，就说什么。有时候我也很后悔，因为我因此而惹上了麻烦，甚至可能会影响我升学。可是你知道吗？我其实有点儿自豪。诚实不好吗？无论如何我都改不了，这一点我很确定。

大部分人都不懂分心孩子什么样，连那些喜欢我的老师也不懂，比如詹金斯，我的化学老师，他也会叫我乖一点儿。我跟他说:“老师，我已经很努力了。”他会为自己说的话跟我道歉，因为他了解我，然后他会教我一些小技巧，帮我克服分心带来的困难。

不过，话说回来，有些事情对我很容易，对别人来说就很难。你看过《辛普森一家》(*The Simpsons*)和《南方公园》(*South Park*)吗？我都可以帮他们写剧本了。大部分人即使很喜欢这些节目，也想不出一句台词。写这些剧本的人真是天才，我相信我也可以做到。听起来我像是在异想天开，对吗？我知道我不是天才。相信我，如果学校只教会我一件事的话，那就是：我不是天才。但我知道我可以写出像《南方公园》那样的剧本，我也知道大部分人写不出来。当然，他们大概也不想写。他们会认为一定是怪胎才会去写那种剧本。可事实不是那样，这就是我的思维方式，我就是会跟人家想得不一样。

比如，老师在讲美国南北战争的原因。那场战争其实很有意思，整个国家都打起来了，像家族世仇似的，这场战争真的是因为蓄奴问题吗？是不是因为钱？那个叫林肯的领袖是怎么团结大家的呢？听起来蛮有意思的。我是真的觉得很有意思。我还读过这方面的书，可是宾克利老师开始说话的时候，我就是没办法集中注意力听她说。我看到她的嘴唇在动，我仔细看她的牙齿，因为她有一颗牙齿非常突出，实在是应该去看牙医。如果她把牙齿矫正一下，就会好看多了。然后我就在想，她为什么不去矫正牙齿？是没钱吗？如果是这样的话好悲哀啊，或者她根本不知道自己看起来很怪？她简直像个吸血鬼。难道她丈夫是个怪人，就喜欢有龅牙的女人？不会吧？这可能吗？接着我就开始同情她了。可是她会不会因为这颗龅牙还没有男朋友？只要她去矫正牙齿，她的人生可能就完全不同了。如果因为一颗牙齿就孤独终老的话，那就太可惜了。但也有可能的是，她很得意这颗牙，或许那颗龅牙代表的是："爱我，就连我的龅牙也一起爱。"也许她在考验别人，我很好奇哪个男人能顺利通过考验，盲人？可是那根本不算是通过考验，因为他根本不会知道她的牙齿有多丑。她可能想找的是看到那颗牙依然爱她的男人。啊，老师竟然叫我回答问题。我怎么可能知道她问的问题是什么，也不知道她之前都说了些什么，因为我一直在思考怎么帮她找一个男朋友。即使是我这样莽撞的人，也知道不能说实话，我只能说："老师，能再重复一下吗？"然后，她"啧"了一声，好像在说"他又来了，不认真听讲，光会做白日梦"，然后她就叫另外一个学生回答。这就是我在学校的一天。

对于分心孩子，发现他们优势的第一步就是共情力。**身为父母、教师或其他养育者，如果希望孩子对你敞开心扉，就需要设身处地地理解孩子的感受。对于分心孩子，这一点尤其重要。**

无论你的建议多么用心良苦或有建设性，在提出任何建议之前，都要先和孩子建立某种良好的关系。建立良好关系的最佳办法就是让对方知道：你了解他每天面对的是什么，你全身心地爱着他。

分心孩子的教养法则

- 身为父母、教师或其他养育者，如果你希望孩子对你敞开心扉，就需要设身处地地理解孩子的感受。对于分心的孩子，这一点尤其重要。
- 无论你的建议多么用心良苦或有建设性，在提出任何建议之前，都要先和孩子建立某种良好的关系。

第2章

爱那个不断制造麻烦的孩子

人世间，没有哪一种爱比亲子之间的爱更动人、更有力量、成就感更大。这是真实的爱、麻烦的爱，是永不停止、永不懈怠的爱。这种爱会永远改变你。有了孩子，你就进入了永远的“精神分裂”状态中。不管这个孩子是领养的，还是亲生的，你都会疯狂地爱上这个孩子。对于新手父母，这种爱如此新鲜、如此出人意料，这是一种前所未有的经历。我们从来不知道自己可以如此无私、如此心甘情愿地为了孩子而放弃一切。当我们进入终其一生而不会改变的疯狂状态时，我们开始了为人父母的探险之旅。在执行世界上最重要、也最困难的任务——养育孩子时，唯一能够帮助我们的就是自然天性送给每一位家长的礼物：爱。这是一种何等的爱啊！

爱是你发掘孩子优势的最重要的工具。爱是无条件的、立即可以得到的、永不枯竭的，这不是很棒吗？只有爱当然还不够，但是如果没有爱，一切都变得不可能。爱的力量难以预测，当你给予孩子爱的瞬间，你无法想象当下的这份爱能够给孩子未来的人生带来什么好处。**如果你持续地爱孩子，并相信这份爱，几年之后，孩子的优势或许就会显现。但如果没有爱，孩子的优势很可能会消失不见，或是遭到扭曲。**

坚信爱能与孩子一同生长。仔细倾听孩子努力唱出的生命之歌，寻找孩子天生注定要演奏的生命乐器，尝试看到孩子想要努力成为的那个人。

这些不是冠冕堂皇的漂亮话，而是抚养孩子的过程中最重要的元素，尤其对那些非常有意思却常常被误解的分心孩子来说，就更重要了。这些孩子特别需要有人能看到他们内在美好的一面，并将之引导、发挥出来。这是一个需要无私付出而又充满艰辛的过程，只有最好的家长和教师才做得到。然而我们坚信，任何家长或教师都可以成为最好的人选。

有些孩子出生以后能够轻易融入社会。他们不需要任何人倾听他们努力唱出的生命之歌，因为他们唱的歌早已被这个世界听到，他们一生下来就可以与这个世界共舞。

但是，也有很多孩子无法轻易融入社会，或是无法完全融入。很多人都在问："我们要拿这孩子怎么办？"这个问题的答案很清楚，但是很少有人能明确、直接地说出爱，因为有些孩子并不是时时刻刻都能得到他人的疼爱。即便如此，父母还是要爱他们，有智慧地爱、聪明地爱，而最重要的，也是他们迫切需要的，是坚持不懈地爱。这些孩子最需要的就是有人能察觉到他们怪诞不经、不合时宜、惹人生气或充满破坏性的行为中那一丝丝的好表现。

让爱实践它改变一切的魔力——没有任何事情能像爱这样改变一个人，但是爱绝不能盲目。我们必须在看清现实的基础上勇敢去爱。通过爱的眼睛，看到的是孩子真实的样貌，而不是你一直希望拥有的“理想孩子”。你爱这个孩子，这个麻烦的孩子，这个不会得奖状、成绩不好、将来很可能考不上好学校、学不好乐器、不会打球的孩子，甚至是对这一切压根儿没兴趣的孩子。

如果你给这个真实的孩子爱，你知道会发生什么吗？一切都会改变！你将成为魔术师。

成功和不成功的人之间最大的分野就是“爱”。成为快乐成人的最重要特质就是“爱”。因此，对孩子表达你的爱。享受陪伴孩子的时光，尽量多花时间与孩子相处，一起玩乐。遇到问题就解决问题，不管问题是什么，并且相信：爱能够支撑你们渡过难关。这或许很难，但是如果坚持下去，你会发现自己做的是世界上最重要、最有成就感的事情。确实，如果你将孩子放在最重要的位置，你的事业可能会因此受阻，你可能无法成为职场上的成功人士，但是你做的是为人父母能够做的最伟大的事情：给孩子最好的人生起点。

这绝不是说，如果你的孩子表现不好或是闯下大祸，那就都是你的错，因为你爱得不够或爱得不正确。完全不是这样的。有些孩子就是会表现不好，他们天生就是有表现障碍，没有人能够改变他们。如果你希望给孩子一个机会，那么“爱”是最重要的元素——熟练而有创意的爱、一致而持续的爱、有智慧而热情的爱、能让对方感知到的爱，即使你有时候觉得难过、生气、失望，甚至绝望。**有时候，分心孩子实在很难让人爱他们，但是这些孩子最需要父母的爱，因为他们在别处得不到爱。**

虽然爱是所有问题的最佳“疗法”，但医生和专家却很少在分心的治疗中提及或使用它。有3个原因：首先，我们很难定义“爱”是什么，因此很难开处方；其次，我们很难测量爱的效果；最后，可能也是最重要的一点，爱不是速成疗法。大部分经过科学研究验证的治疗方法，都可以很快看到疗效，有的药物可以在几小时内发挥疗效，有的治疗需要几个月，最多一两年也就能看到效果了。“爱”却不是这样的，“爱”没办法速成，还会常常让人觉得毫无进展。你可能得爱上十年、二十年才看得到结果。在看到结果之前，科学研究可能已经证明你的努力是无效的。

所以，专家建议各种复杂的治疗方法，推荐各种表格、计划书和其他新玩意儿让家长阅读。家长试着执行计划，同时心里却越来越沮丧，因为他们知道，新计划也不会有什么效果。他们尽量执行是因为他们需要做些什么，但是他们知道计划里缺乏最重要的元素，这个最重要的元素就是孩子本人。

许多科学的治疗方法着重在改进孩子的缺点，而忽视了孩子自身的天赋、魅力和核心自我，没有考虑到孩子的积极特质。这些治疗计划效果不彰，而且希望渺茫，因为它们不是从积极的角度出发，没有考虑到孩子将来可以在某个领域成为多么优秀的人。看到很多专家设计并执行这些复杂的治疗方法，我实在感到难过，因为这些方法忽视了童年最重要的特质：**童年是探索和做梦的年纪，是闯祸的年纪。**在这个年纪，一切皆有可能。

还有些立意甚佳的治疗计划没有试着保存或保护孩子的童年，也没有发掘和欣赏孩子与众不同的优势，反而按照成年人的思考模式，试图将清单、字条、动机、后果、统计数字变成孩子成长的土壤。

这些计划背后的动力不是相信并发掘孩子最美好的一面，而是担心如果孩子现在无法学会按照设定好的时间表认真做事，将来很可能就会面对失败的人生。因此，所有的努力都朝向标准化、正常化、测验和评估的方向发展。孩子越落后，他得到的“帮助”就越多，也就是要求他表现得像其他孩子一样。没有人停下来想一想，或许，对别的孩子有效的方法对这个孩子是无效的；没有人停下来想一想，或许，这个表现落后的孩子有某种天赋，如果用适当方法加以激发，这些天赋就能表现出来。

该改变了。既然我们知道每个孩子都有优势，现在就应该研发让每个孩子发挥优势的养育方法和学校课程。这是一个神圣的目标，一个可实现的目标，比诸多教育机构平庸无趣的、一成不变的、制造焦虑的目标更有价值。

我有一个高中同学，他上学时的成绩经常是六七十分，有时还会不及格。他高中读了 5 年[①]，他的数学和语文不好，也不太会拼写外语单词。他常常跟同学自嘲他有多笨。最后，他勉强毕业。

他的名字是约翰·欧文[②]，世界最知名的小说家之一，但是在他高中毕业时，他却认为自己很笨。

别人可能已经认定他是个失败者、没出息的人了。然而，他发现了自己伟大的天赋。他是怎么做到的呢？细节你得问他本人，但据我所知，他的改变是因为爱。他的父母从未对他失去信心，他们永远相信他。他们没有唠叨他的坏成绩和其他缺点，而是全力支持他的优势，而他的优势之一就是摔跤。我还记得每一场比赛中，他母亲都坐在观众席的前排座位上，像个狂热的粉丝一样为他和队友加油。

新英格兰摔跤界非常有名的摔跤教练泰德·西布鲁克（Ted Seabrooke）接纳了欧文，让他可以发挥所长，从而帮助欧文建立起自信和乐观的态度。现在欧文也是名人了，他不但拥有充沛的想象力，而且具备严谨的工作态度。我想，他的工作态度多多少少是当年跟着西布鲁克教练“摔”出来的。身为一个不知道自己有学习障碍的少年，欧文在摔跤队时体会到，努力确实会有结果，

① 美国的高中一般是四年制。——编者注

② 约翰·欧文（John Irving），美国当代小说家，著有畅销书《盖普眼中的世界》《独居的一年》《苹果酒屋的规则》。——编者注

尤其是你努力发挥自己的优势时，更会收获意想不到的结果。当时，摔跤就是他的优势。

发现优势，创造成功的机会，用乐观进取的态度鼓励孩子，终会带来成功与快乐。然而，这一切都源自爱。我们可以想象出欧文的妈妈坐在观众席上，看着一场又一场摔跤比赛，帮她不擅长读书的儿子加油，让孩子有机会享受快乐与骄傲的时刻。

你可以坚信：没有什么比爱更有用了。有时候，父母听了我们的建议会生气。他们说自己早就知道了这些建议，但需要更多“秘方”，更详细、有效的新“秘方”。我确实有各种新的治疗方法可以提供给父母，但是如果没有爱，这些治疗方法统统一文不值。

我从事这行已经很久了，从 1978 年就开始治疗患者，我知道什么是对的。我曾经看到一个被关进监狱的少年，因为家庭中至少有一位家长坚持继续爱着这个孩子，所以多年后，他获得了成功的人生。我见过一个被一所又一所学校退学的分心孩子，每所学校的老师都说这个孩子是老师见过的“最糟糕”的学生，结果这个“最糟糕”的学生到 25 岁时已经拥有资产百万美元的公司，日子过得很快乐。我还见过一些分心青少年沮丧到想要自杀，甚至真的去尝试自杀，但是几年后却帮助我辅导其他青少年，告诉他们生命可以更美好。我遇到过一个女孩，她曾蜷缩在我办公室的地上，边哭泣边打自己的头，说自己有多笨、人生多悲惨，希望自己死掉，结果，几年后她坐在我办公室的沙发上，跟我说她拿到了医学院的入学通知书，她快要结婚了，并且要创业了。我治疗过一个男孩，他整个青春期精神萎靡、不求上进，结果到了 20 多岁时他不仅找到了不错的工作，而且也有了女朋友，他觉得幸福且知足。

对这些患者来说，爱是关键。当然，治疗也对他们起到了很大作用。身为儿童精神科医生及儿童精神疾病的研究者，彼得·詹森喜欢采用经科学证明有效的治疗方法，比如使用奖惩制度教导孩子控制自己的行为。而我会建议使用任何有效的方法，只要这个方法安全合法。我会建议采用药物治疗、神经反馈、小脑刺激、补品摄入、行为治疗、团体治疗、夫妻咨询、家庭治疗，以及个人治疗。但是，其中最有效的良药还是爱，爱可以改变一切。

爱孩子的真实样貌，当教育孩子的过程不顺利时，努力记住这一点。有时候，你是他唯一拥有的。他们的行为往往不是故意的，他们无法像外界看他们那样看到自己。当你搞不懂为什么周围的人都对你生气，觉得无法融入群体，那么你一定非常有挫败感。参加一些团队活动吧，了解你不是唯一这样过日子的人，这对你和你的孩子都有帮助。永远不要放弃！有些终身受用的智慧是需要学习的，好好利用你的经历！

——萨莉，一个分心男孩的母亲

既然爱无法定义，也无法开处方，我们要如何建议你用正确的方法爱孩子呢？

试着跟上孩子的脚步，倾听他的心声。**多花时间和孩子相处。去看、去听，去和他互动，但是不要东管西管或唠唠叨叨，也不要只顾着催促孩子完成任务。**父母比任何人都更了解自己的孩子。不管别人怎么看这个孩子，聪明还是愚笨、用功还是懒惰、擅长运动还是笨手笨脚、招人喜欢还是讨人厌，以及被贴上分心或其他标签，父母往往能够看到孩子真实的样貌，知道孩子究竟是怎样一个人。紧紧抓住这种感觉！不要太在意别人贴的标签，即使是专家的话也不要轻信。我和詹森曾经就是这样的孩子。医生在诊断时会过度简化治疗过程，会忽略孩子许多细微、复杂和丰富的内在心理特质。如果你忽略了孩子的内在特质，它们可能就会在不经意间溜走。当你注意到、指出来并呵护这些特质，它们就会留下来。

举例来说，可能像这样：

> “萨拉，你心真好。我在奶奶告别仪式上掉眼泪时，你递给我一包纸巾，真体贴啊。”
>
> “汤米，你拼图玩得真好啊！我很好奇你怎么能拼得那么快。”
>
> “霍利，你分辨颜色比我见过的任何人都厉害。我只能看到绿色，你却能看到几百种不同的绿色。”

“塔克，你从来不轻易放弃。不管什么事，你都能坚持到底，这种毅力真是惊人。”

“露西，你观察力好强，什么都逃不过你的眼睛。”

“杰克，你沙堡盖得真棒，你真是太棒了。”

我们常常忘记，父母爱孩子最有效的方式就是爱孩子的真实样貌，注意到他做了什么。这件事情说起来容易，但是很少受到父母的重视。父母可能满心只想着他们希望孩子做些什么，或希望孩子变成什么样，结果却忽视了孩子已经做的有意义的事情和孩子的真实样貌。

身为父母，你可能不知道，给予孩子关注、对孩子微笑是多么重要的一件事情。

医生常常和我们说：需要帮助就开口，我们可以一起想办法解决问题；而现实往往是：我们自己就已经对儿子的行为感到无比失望，以致无法再爱他。

——马琳，一个分心男孩的母亲

你不能决定孩子未来的人生，只有孩子自己才能决定。如果他有机会的话，这个机会来源于你，你可以让这个表现不佳的孩子变成他想成为的那个人。如果你不给孩子创造机会，任由世界和周围的力量压迫他，孩子也还是有可能成功的，因为分心孩子不是轻言放弃的人，可是，他也很可能无法成功。这个世界可能毁了孩子的意志，即便他本来就是个坚强勇敢的孩子。外在压力可能让孩子屈服甚至放弃自己，从而无法成长为他们真正想成为的样子。

詹森的个人经验证明，父母用孩子能够理解的方式爱他有多么重要。我们常常通过试错来找到正确的方式表达我们的爱，而且可能要经过更多年，甚至是一辈子，才知道你的爱对孩子的人生会产生多么深远的影响。

詹森的儿子戴维患有 ADD。戴维小时候常常和父亲起冲突，也承认自己小时候对弟弟很不好。詹森现在也承认，他常常不假思索就责备戴维，如果别的孩子受伤或哭了，詹森会立刻认为是戴维惹的祸。詹森不止一次对戴维大发脾气，把他吓得不敢再闹。詹森后来认识到自己对戴维的行为反应过于强烈，于是寻求治疗来控制自己的脾气，并且尽最大的诚意跟儿子道歉，也跟其他孩子道歉，希望孩子不会效仿他的行为，还立下新的家规以及明确的奖惩制度。可是，对于戴维，这一切都没用，至少那时候没用。他很怕父亲，并且与父亲的关系很疏远。

多年后，当詹森和戴维回忆起当时的情形时，詹森感到自己对儿子过于频繁地发怒让儿子觉得自己被误解，甚至感受不到被爱。戴维年纪很小的时候就看得很清楚，当时他才8岁，他跟父亲说："爸爸，有时候，你惩罚我或扣我分数的时候，只会让我更想搞恶作剧。"

詹森说："我对戴维采取的行为治疗适得其反，因为这不符合他的模式。他认为不公平，觉得这些规定都是大人的意志。我只知道虽然我很爱他，但不知道为什么，我爱他的方式让他感觉不到我的爱。"

戴维14岁时，和弟弟乔纳森一起参加了童子军[①]，詹森志愿当领队。为了表示公平，詹森称呼儿子"詹森先生"，就像他用"先生"称呼每一个童子军一样。虽然有点尴尬、有点刻意，但詹森希望用这个方法在团体中创造一个彼此尊重的平台。

詹森回忆道："可是，这件事情刺激了戴维，碰触到了分心孩子很容易被激怒的那个部分。他不喜欢被强迫，不喜欢虚伪的社交，也不喜欢我的操控，就像他不喜欢星星图表和奖惩制度一样。戴维再度开始不合作，他总是说'童子军蠢透了'。有一天，我们正在策划活动，戴维抓起篮球对大家说，'嘿，别打那些愚蠢的绳结了。我们去打篮球，跟我走。'儿子当着大家的面和我作对，我非常生气。我的心在挣扎，我知道我不能再用老办法对付戴维。

① 童子军是美国教育中的一个传统项目，旨在培养学生的综合素质。——编者注

那天晚上，我让戴维到我房间里来。我决定用不同于以往的方式与他交谈。我知道我不能发脾气，只跟他说我遇到的难题。我忍着眼泪说，‘你知道吗，戴维？我带童子军是因为我想跟你和乔纳森一起度过一些美好的时光。可是行不通，这不是我期望的样子，你是我遇到过的最难带的童子军。’”

戴维现在已经结婚了，也有了自己的孩子。在一个父亲节，他跟詹森说自己还记得那次含泪的讨论。戴维说就是在那个时刻，他明白了父亲是爱他的。他说：“当你叫我去你的房间，我以为你要大骂我一顿，结果你没有，你打动了我的心。”

詹森说：“这个故事不算是科学证据，但是我深深相信，有些重要的东西我们就是不知道如何衡量。我的行为有了细微的改变——别人看不出的改变，就像大船转弯一样。起初，你把舵转了几度，但看不出有什么变化。你看不出大船的航线有什么不同，但是转瞬间，你已经身在别处。”

我认为：“临床医生和父母不应该老想着如何修正孩子的行为，而应该着眼于如何改善亲子关系。”

詹森总结说：“重点是你必须抓住孩子的心，才能启发他的头脑，让他开始改变。儿子跟我说，‘爸爸，你在我身上使用行为治疗的时候，我更想搞恶作剧。’我没有抓住他的心。我们首先必须爱孩子，但这并不表示你要宠坏他。”

父母必须是孩子的头号粉丝。有一个很有成就的人，当别人问他怎样取得如此的成就时，他说：“在我妈妈眼中，我只看到爱。”

精彩人生就是从这里开始：充满爱的双眸。

分心孩子的教养法则

- 如果你持续地爱孩子，并相信这份爱，几年之后，孩子的优势或许就会显现。但如果没有爱，孩子的优势很可能会消失不见，或是遭到扭曲。
- 没有任何事情能像爱这样改变一个人，但是爱绝不能盲目。
- 有时候，分心孩子实在很难让人爱他们，但是这些孩子最需要爱，因为他们在别处得不到爱。
- 童年是探索和做梦的年纪，是闯祸的年纪。在这个年纪，一切皆有可能。

第3章

在质疑的声浪中坚持你的爱

我有分心的问题，我的 3 个孩子中有两个也分心。我每天都在治疗分心孩子，只要跟他们在一起，我就会微笑起来。分心孩子都具有某种特质，比如某种兴趣或某种招人喜欢的热情，有时候他们会遮掩这些特质，但是通常我可以发现。当我发现这些特质之后，他们就可以放轻松、可以影响周围的每个人了，他们可以让我笑，我从他们身上学到了很多。确实，我认为分心者是我见过的最招人喜欢、最有趣、最有意思的人。

如果你的孩子也分心，你必须让孩子喜欢自己，并对自己的人生有正向的期待。即使孩子在你眼中没什么优点，你也必须寻找并肯定孩子的正向特质，即使你面对的是明显的消极特质也要如此。如果孩子喜欢自己，觉得人生有希望，他就会表现得比较好。

我的儿子杰克患有 ADD，他上七年级时，老师让全班学生用形容词描述自己，杰克的做法至今让我记忆犹新。老师让他们圈出 3 项他们自认为最骄傲的特质，杰克圈的是“有创造性的”、“活跃的”和“分心的”。看到这个，我就知道他没问题了。

不过，虽然我们很爱分心孩子，我们也知道养育分心孩子有多么困难，但当困难来临时我们还是束手无策。我们知道分心孩子可以多么招人喜欢、多么有创造性，但是我们也知道他们多么让人受不了。家里有一个分心孩子，生活就已经让人精疲力竭，更不要提有更多的分心孩子了。如果你的爱人也有分心的问题，那么你会更累。**ADD 有高度的家族遗传性，如果夫妻中有一个人有 ADD，那么，孩子就很可能也有 ADD。**

抚养分心孩子有多么困难呢？大大小小的问题都可能会给我们带来麻烦。无法解决的小问题会变成大问题，而大问题往往导致分裂和破坏。你大概有过这样的经历：

“我跟你说了多少次了？”得有两千遍了。

你会在阁楼、地下室、洗衣机后面、冰箱、马桶的水箱上、院子里的石头下面、车里或任何其他地方看到形单影只的袜子。袜子会搬家，它不会卷得好好地待在抽屉里。

你刚刚花 1 小时跟老师解释分心是什么，或是让老师听完专家关于分心的演讲，第二天老师还是会写张纸条让你把孩子带回家，即使是很优秀、很有经验的老师也会这样做。“你的孩子需要认真听讲，他需要更专心。他再不努力，可能会一事无成。他觉得对不起自己、家长和学校的老师。我希望看到他改变学习态度，请督促他专心学习。”老师不明白这是为什么。我认为，“道德判断”，即孩子不愿意克服分心或分心是家长宠出来的想法，已经深深地刻在老师的脑海里了，他们完全无法理解分心是由生物差异引起的。

不要说老师，就连父母都不理解这一点。父母无法真正理解，为什么孩子的行为这么不一致、这么具有自我毁灭性。前一天晚上认真复习的功课，第二天考试时就能忘得一干二净，怎么可能？这背后一定有某种可怕的力量、某种自我毁灭的力量。怎么会有人能如此愚蠢地浪费自己的天赋？为什么孩子不能争口气，不让父母难过、生气？当然，即便父母有时突然想通了，甚至完全忘记孩子的不好表现，就像孩子考试时忘东忘西一样，但下次他们照样怪孩子，毕竟父母并不是 ADD 患者。

要我接受孩子患有 ADD，最难的就是没有具体的诊断。因此，很多人不相信这真的是一种疾病。当我告诉别人（包括我婆婆）我儿子患有 ADD，他们会翻着白眼说：“小孩子都很调皮，只要好好管他就行了。”我想不到还有哪种病是因为你给孩子吃药反而受责备的，而当今媒体并没有起到帮助人们正确认识 ADD 的作用。

——萨拉，一个分心男孩的母亲

你的爱人也不了解分心是什么。假设你是妻子，你知道丈夫有分心的问题（有时正好相反，很多女性有分心的问题），但是，他不相信 ADD 这种说法。他一边吃晚饭一边说，如果他成绩这么烂，他父亲会怎样做。你心想，还好现在不是他或他父亲做主，但是你也不希望一切都由你做主，你一直试着想办法让丈夫了解孩子分心是怎么回事，并且为孩子的分心寻求帮助。

孩子已经写了两小时作业，可是当他给你看他的作业时，你却发现完全没按老师要求写。

你大吼："你这两小时为什么不做该做的作业？"他看着你，给了你分心孩子面对"为什么"时最诚实的答案："我不知道。"这是实话，他不知道，而这只会让你更火大。

分心与不分心孩子的时间观念不同。在分心孩子的世界里，只有两种时间：现在或非现在。一个星期后的考试不是现在。不分心孩子会开始计划如何为考试做准备，而分心孩子会等到迫在眉睫时才慌乱地开始准备。事实上，"临时抱佛脚"有时也行得通，因为在慌乱中，身体会分泌很多肾上腺素——一种天然的激素，可以使人产生兴奋的感觉。

计划、督促、提醒、坚持，这些字眼不足以描述你每天需要面对的重大任务。**所有孩子都需要计划和督促，所有孩子都需要父母持续的提醒，而分心孩子则需要更多的计划、更多的督促、不断的提醒，以及只有父母的爱才能做得到的坚持。**你的工作比你想象的更艰难，比任何人描述的都更耗费精力。有时候，坚持不放弃是一件很困难的事。

你当然不会放弃。为什么不放弃呢？因为你做不到。如果放弃，日子会容易过得多……但这是你的孩子，你就是无法放弃他。

你问道：“要多久？”你每天问自己“要多久他才会……”。父母给孩子的爱是特别的，是了不起的。父母必须陪着孩子坚持下去，在一切反对声中坚持爱他，即便你喜欢或尊敬的人说了很难听的话。

很多人会对你说一些很愚蠢的话，或对孩子说一些难听的话。你要如何回应呢？为了搭建起沟通的桥梁，你必须很小心地回应，而不是拒绝沟通。不过，有时候听到他们说的话真的很想发火。

“什么是最好的？”这句话毫无意义。“你何不做对你最好的事情？”这句话也毫无意义。**在分心孩子的世界里，最高准则是什么最有趣，而不是什么最好。**你很难教分心孩子什么是最好的。

渐渐地，你会失去幽默感。如果你失去了幽默感，麻烦就大了。抚养分心孩子，必须有幽默感。有时候，你的幽默感是你保持不发疯的唯一救赎。

还有什么方法呢？读一些你需要的书，这很困难，因为书中充满太多信息、太多建议了，而你得到的帮助却是那么少。最难的是：你会担心。当然，所有的父母都会担心孩子，但是你的担心完全是另一个层次的。你从书上知道有许多分心孩子最后进了监狱、发生车祸、大学没毕业或根本没读大学，长大后他们经常被老板开除、无法和爱人维持亲密关系，以及得了抑郁症等，你忧愁于自己到底还能再做些什么。你希望、祈祷原本不想给他吃的那些药物可以避免未来发生可怕的事情，而同时你也担心孩子根本没有吃药。你无法想象后果，只能逼他吃药，并且希望这些药物不会引起脑损伤或癌症。

让我们来看看如何控制你的过度担心。你不可能完全不担心，那是否认现实。有一点儿担心是好事，因为你会注意到问题，从而努力避免问题或解决问题。如果你过度担心的话，我们建议你尝试以下四种方法来应对：

- **找个人谈谈。**不要一个人担心。如果你自己一个人担心，很容易崩溃。
- **收集事实资料。**过度担心往往来自错误信息或缺乏信息。
- **做计划。**如果你有个计划，自然就觉得能控制情况，也不会那么担心了。计划会不会成功并不重要。若是失败了，再做个新的计划就好了。生活就是不断修改计划。总要有个计划来解决问题。不要处在被动的状态，过度担心总是爱找上被动的人。
- **和那些乐观的人在一起。**你必须能够在孩子闯的祸里看到幽默的一面，然后才能保持客观。

抚养分心孩子是一场马拉松赛跑，而不是百米赛。如果你能够运用本书提供的这些方法原则，你不但有机会和孩子跑完整场马拉松，还会有很好的表现呢！

我可以自信地说这些话，因为我和许多父母、孩子一起走过这条路，我从事这一行已经大约 40 年，看过几千个分心孩子的病例。詹森和我都知道抚养分心孩子有多困难，然而我们也相信，**如果你持续爱孩子、永远不放弃，如果你不是孤身作战，如果你能从自己的错误中学习，你和你的孩子不但可以渡过难关，还会成功。**

分心孩子的教养法则

- 如果你的孩子分心，你必须让孩子喜欢自己，并对自己的人生有正向的期待。
- 所有孩子都需要计划和督促，所有孩子都需要父母持续的提醒，而分心孩子则需要更多的计划、更多的督促、不断的提醒，以及只有父母的爱才能做得到的坚持。
- 在分心孩子的世界里，最高准则是什么最有趣，而不是什么最好。
- 抚养分心孩子，必须有幽默感。有时候，你的幽默感是你保持不发疯的唯一救赎。
- 抚养分心孩子是一场马拉松赛跑，而不是百米赛。

第4章

分心的孩子不是坏孩子、不是不可救药的孩子

我曾经收到过一封信，其中一段内容如下：

如果别人不了解分心是“礼物”，用很负面的言语谈到它时，我们怎么回应或说些什么，您有什么建议吗？举个例子，有一次，两位受过良好教育的人跟我说了这样的话，他们中一位是心脏外科医生，另一位是老师。当我跟这位心脏外科医生提到我的孩子有分心的问题时，他很同情地说：“我真抱歉。”这就好像我跟他说孩子已经病入膏肓似的。而那位老师不知道我的孩子患有ADD，当她提到班上学生的时候，并没有指名道姓，她说：“有些孩子是多动的怪胎。”我听了差点儿从椅子上跌下来。我没接话，后来很后悔当时没有对这两个人说些什么。分心孩子既不需要怜悯，也不是“怪胎”。对于这些不了解分心的人，可不可以给出简单的一

句话或一个回应呢？

我的答案是：没有简单的一句话或一个回应，因为简单的解释很危险。这不是命名学或制作警告标志，也不是枯燥的学术辩论，这事关如何为分心孩子和成年人做最正确的事。如果普通人认为分心孩子是“怪胎”，或是觉得分心孩子的父母需要同情，那么他们就会继续误解或错误地对待这些有趣且有潜力的孩子。

为了了解现况，我们必须先追溯人们如何看待心智问题的历史。

自古以来，人们都是从道德角度看待心智方面的问题——那些和学习、情绪、思维或行为有关的问题。如果孩子有行为问题，大家就会说他很“坏”，这是从道德角度出发的一种批判；如果孩子不是很“坏”，那就会被认为是任性、没出息或不听话。事实上，直到20世纪，一些家教类的书籍中仍然有“不听话”这样的道德字眼出现。

如果一个孩子不听父母的话，大家会认为是这个孩子自己选择不听话或不愿意努力。因此，孩子是罪人。大家认为孩子的灵魂是上帝和魔鬼的角力场，父母、老师或其他照料者必须“帮助”上帝和孩子一起打赢魔鬼，把魔鬼赶跑。

从道德角度思考的核心就是：自由意志控制了所有的学习、情绪和行为。人们深信自由意志控制一切的说法，就像人们曾经以为地球是宇宙的中心，太阳围着地球转一样。地球是太阳系核心的这个想法让人心安，就像是自由意志可以让人控制自己的情绪、学习、行为和思维一样让人心安。人们只要努力，问题就会迎刃而解。

许多成年人仍然相信道德论。根据道德论，孩子只要愿意努力就能做到该做的事，一个人只要愿意就可以克服抑郁，学生只要用功就可以学会很难的课程。自由意志万岁，只要努力就行。

道德论折磨着孩子，也折磨着成年人。从前，不听话的小孩经常被打，越不听话就打得越凶。如果家长不忍心打，其他人会鼓励家长打。毕竟，孩子的灵魂有危险了，不打不成器啊。

从心理层面上看，这一切都不难理解。大家不知道如何帮助有行为问题的人，只好做一般人会做的事，比如责怪并处罚那些让他们觉得无助的人。

到了 20 世纪，医生不再将精神疾病视为道德或心理上的缺陷，而是一种生理状态。

但直到今天，仍有些人宁可相信一个人只要愿意就可以控制自己的行为，想要学习就可以学习或想要快乐就可以快乐。

但是，无论大家如何抗拒，医学模式毕竟生根了，因为科学和人性都站在医学这一边。所有的证据都指出努力和意志虽然重要，却不是全部的因素。

人们将医学模式用在 ADD 的治疗上，并渐渐了解光靠努力可能无法解决分心孩子的问题。当然，打骂显然无效。几千年来，大家用的都是打骂和道德说教的方法，因为这是他们能想到的唯一方法，他们鼓励这种方法。但是当我们开始从更深入的医学角度考虑时，分心孩子终于不用再被丢进管教机构，而是被带进了医院。

1937 年，美国罗得岛州普罗维登斯的布拉德利医院（Bradley Hospital）永远地改变了 ADD 的治疗方式。查尔斯・布拉德利（Charles Bradley）医生是创院的布拉德利先生的远亲，他决定对分心孩子尝试全新的治疗方法。以前根据道德论被认为不听话的男孩，在睿智的布拉德利医生和他的同事手下找到了庇护所。

布拉德利不知道为什么这些男孩如此多动，但他知道这不是单纯的管教不当或意志不坚定的问题。因此，他和这些男孩一起努力，尝试了一个又一个治疗方法。他不相信社会的传统观念，而坚持这些孩子有某种疾病，需要医学治疗。他认为分心的问题出在神经系统，而不是道德观念上。

布拉德利愿意尝试任何安全合法的方法（本书提供的方法也是遵循这个原则），他给分心孩子服用苯丙胺（Benzedrine，一种兴奋剂），这是俗称“快快”（Speed）的一种药物。医院里有些病人曾服用苯丙胺以减缓疾病引起的头痛，布拉德利注意到这些病人的行为改变，就猜想苯丙胺可能也会改变分心孩子的行为。

我真希望能看到当时护士长听到布拉德利要给多动男孩服用“快快”

时的表情，护士长一定觉得布拉德利疯了。如果这位护士长很强势，当然大部分护士长都很强势，我都可以想象得到他们的对话。

布拉德利：我觉得应该让这些男孩试试苯丙胺。苯丙胺对其他病人的头痛很有效，或许对这些男孩的多动行为也会有效。

护士长：真的吗？我无法想象。布拉德利医生，我不是要冒犯您，可是您疯了吗？给这些孩子服用苯丙胺，这就像火上浇油一样。我知道这些孩子很令人受挫，可是我们也不能就这样随便开处方啊！

布拉德利：不，我没疯，拜托你以后不要这样说了。

护士长：对不起，布拉德利医生，但是这个想法听起来实在太疯狂了。

布拉德利：你又来了，又说我疯了。我没有发疯，至少我不觉得我疯了。感谢你的提醒。可是我还是想试一试，我看到服用苯丙胺来治疗头痛的病人在行为上有了改变。

护士长：这些孩子没有头痛！他们是让我们头痛没错，但是他们自己可没有头痛！拜托。你的点子一点儿也不合理。

布拉德利：很多新观念一开始看起来都很不合理。如果我对了呢？不试怎么知道？那些孩子还要等多久，才能有机会尝试新的治疗方法？

护士长：新的尝试至少也要有一点儿道理吧，可是这个方法一点儿道理也没有。就像我说的，这是在火上浇油。如果什么都要试试的话，为何不试试用马粪或月光治疗他们？

布拉德利：我要试试苯丙胺。如果我错了，你可以告诉大家你已经尽力阻止我了。如果你要告诉大家我疯了，那也随你，只要你愿意。

护士长：好吧，好吧。如果你坚持的话，我可无法为这件事情负责。

布拉德利：当然。可是你想想，万一有效呢？

这种方法确实很有效，简直就是奇迹。服用药物 20 分钟后，这些男孩就可以坐得住、可以学习了。这不但是 ADD 研究的重大突破，也是脑功能研究的重大突破。那些分心男孩不但不抗拒，还非常享受药物的帮助。他们自己也不喜欢失控。他们高兴地称苯丙胺为“算术药丸”，因为服用了它就可以专心学习数学了。

几千年的管教都无法改变的现象，药物却在 20 分钟内做到了。20 分钟内，通过正确用药完成了不可能的任务：让分心孩子有能力发挥自己的潜力。

之后，医学模式治疗 ADD 这个理念就颠扑不破了。医学模式让阳光照进道德论的地窖，不但解放了儿童，也解放了成年人，将他们从诅咒、讥笑和处罚的铁链中解放出来。虽然直到今天，道德论仍然以污名化和偏见的形式存在，但是至少不会像以前那样压迫精神上受困扰的人了。因为从医学理论的角度出发，我们现在会强调治疗疾病，而不是道德教化，这两者产生的影响有天壤之别。

校医院的护士跟我们说，我们的孩子就是欠打。我公公婆婆也说要打他一顿。有人说他吃了太多糖或色素，所以才会这么多动。虽然我学过有关儿童发展和营养学方面的知识，但他们都怪我没有因为他不够聪明而处罚他，也没有给他吃健康的食物。大家都认为自己是专家，却没有人能提出任何有帮助的正面建议。

——马琳，一个分心男孩的母亲

虽然医学模式有很多优点，但它强调缺陷，也制造了很多新问题。医学模式虽然打破了捆绑精神病患的铁链，却形成了新的铁链。新的铁链是无形的，但是同样有害，这个铁链就是羞耻、恐惧、绝望，以及失望。

医学模式建立在缺陷上，从病理的角度看问题。你去看医生是因为你病了，而不是因为你很健康。你不会跟自己说："我今天感觉很好，我想去看医生。"

医生的工作就是告诉你，你有什么问题以及要如何治疗。医生接受了十几年的训练，就是为了跟你说你有什么问题以及要怎样治疗。**医生并不会接受关于健康的训练，因为人们常常不是为了保健而去看医生的。**

因此，医学诊断只会告诉你有什么问题。如果接受诊断的是心脏或肾脏，那没问题；如果接受诊断的是心智，那就很麻烦了，有时甚至很危险。

我们告诉一个人他的心智有问题的时候，就等于在告诉他，他这个人有问题。因为是心智让我们具备个人特质，而不是某样器官。

因此，**心智的医学诊断可能会引起新问题，比如羞耻、恐惧、自卑、失望、失去活力、梦想破碎，以及绝望等。**当然，没有医生会刻意这么做，但是这种现象仍然会发生。精神医学诊断的背后隐藏着某种态度，好像病患有某种社会无法接受的基本缺陷一样。我们可以找到任何生理疾病的慰问卡，从癌症到大腿骨折都有，可是我们从来没看过任何一张慰问卡上写着："祝你早日不再抑郁！""祝你幻觉早日消失！""祝这次躁狂症发作很快复原！"或"想念你，加油！战胜分心！"

可以用优势取向的思考模式减少医学诊断带来的伤害。我们不说他分心，就像我之前跟萨姆说的，我们可以说他有个像刹车不灵的跑车一样的大脑，我们可以用多种方式面对所有有心智问题的病患。比如，告诉抑郁症患者，这种精神疾患表示他是一个很有才华的人，虽然抑郁症很痛苦，但一旦抑郁症状得到控制，内在的才华便可以好好发挥出来了；告诉躁郁症患者，这种精神状态使人同时具有两种极强的能力；告诉成瘾的人，一旦成瘾症状得到控制，下一步就是发掘被成瘾埋没的才华了。确实，成瘾的人是最具才华的人，如果你不相信，去嗜酒者互诫协会（Alcoholics Anonymous）看看就知道了。

我们要把优势当成头条，把缺陷当成副题。而医学模式则刚好相反，医学模式将问题放在头条，只在脚注中提到优势。

我发现，被诊断为 ADD 后的日子是我一生中最自由的时光。我现在能够理解自己为什么会脱离轨道或目标，也能管理我的行为、情绪和生活了。就像你说的，这是福气，不是诅咒。我看到我 5 岁的儿子跟我一样，具有那些让我的童年和青春期充满乐趣的特质。他和我已经开始讨论我们的“特殊天赋”，以及我们要如何善用这种天赋来得到我们想要的人生。

——罗伯特，一个分心成年人

如果你告诉一位家长她女儿有着深藏不露的才华，会比你跟她说孩子的脑部有些异常并需要治疗要好得多。**优势取向可以带来希望、热情和正向能量，而缺陷取向则会消灭希望、浇熄热情，并让正向能量消失。**许多医生不是故意的，但还是让刚拿到诊断结果的病患哭着回去。刚得到自己或孩子的诊断结果的人，感觉一定糟透了。的确，这件事情对他们来说是个沉重的打击。

我们应该超越医学模式，拥抱优势取向。如此一来，我们可以避免由缺陷带来的羞耻、恐惧、失望和梦想的破碎。这些负面作用比分心本身的伤害还大，而且是可以避免的，只要我们发掘孩子的优势、潜力、希望、梦想、热情、欲望、愿望、已有才华和潜在才华、已有兴趣和潜在兴趣，越早越好。照亮这些特质，让这些发光发亮的特质丰盈孩子的大脑和你的大脑。

如此一来，你将会更有能力和热情应对分心带来的问题。没有人能够阻止你和孩子追求你们终将拥有的美好未来。

分心孩子的教养法则

- 如果孩子有行为问题，大家就会说他很“坏”，或者说他任性、没出息、不听话。这种从道德角度进行批判的方式是错误的。
- 把孩子的问题归类为障碍同样是有害的，这种方式会造成羞耻、恐惧、绝望，以及失望。
- 优势取向可以带来希望、热情和正向能量，而缺陷取向则会消灭希望、浇熄热情，并让正向能量消失。

第5章

找真正的专家，寻求正确的协助

虽然积极的亲子关系中最重要的元素是爱和共情力，但是如果孩子遇到困难的话，光有慈爱是不够的，还需要寻求专家的建议。对于一个可能患有 ADD 的孩子来说，专家的建议无比重要。**你必须寻求可靠的建议，你要信任为孩子做评估的专家，并跟他建立良好的关系。**用优势取向的方法来评估孩子可以改变孩子的一生。缺陷取向的评估可能会导致多年的无效“治疗”，而优势取向则能够发掘孩子的才华，开启虽然困难却充满欣喜的旅程。

找一位愿意了解你和你孩子的医生、社会工作者、心理治疗师或咨询辅导人员。这个人能够微笑、倾听或大笑；这个人即使很忙，也不会急躁；这个人愿意听你说、愿意了解你的生活，而不是只告诉你孩子有什么问题、你有什么问题以及你该怎么办。在医疗行为里，医患间的人际联结是最有力量的疗法，而当今这种治疗方法正在消失。

如果你来我的办公室，我们会让你放松下来，然后你可以敞开心扉，向我们倾诉你的全部故事。我们尽可能地不催促你们，我们会和你以及你的孩子谈话，一起回顾老师写的评语、孩子在学校的记录，以及孩子的病历，可能也会给孩子做一些简单的关于神经方面的心理测验。很多人不知道，其实并没有标准的 ADD 测验，我们靠的是全面综合的评估。在这个过程中，我们可能会经常大笑，因为分心孩子的世界里的故事往往很有趣；我们也会鼓励你笑，因为幽默感能减少分心带来的压力；我们的桌子上也会有纸巾，因为可能有人需要擦眼泪。像笑声一样，眼泪也是有帮助的，眼泪是故事的一部分。整体而言，这个过程会很有趣、很享受、很放松，并且充满希望。不论是谁给孩子做评估，他必须听听身为父亲或母亲的你有什么话要说。父母的心里话可以给我们提供很多信息，父母的直觉是无价之宝。

一位分心孩子的母亲曾给我一些好建议。她说，当妈妈的人比任何人都更了解自己的孩子。如果医生对孩子的态度，或为孩子和家长做的事情让你觉得不对劲，那么这位医生大概就有问题了。医生就像老师一样，有的很棒，有的也很糟糕。

——马琳，一个分心孩子的母亲

评估结束以后，我会请你进我的办公室讨论结果。任何宣布孩子分心的人都应该很谨慎、很小心。**当孩子第一次听到专家说他的大脑和别人的不一样时，千万不能让孩子觉得受到挫折或诋毁。**有很多方法介绍如何宣布分心这个诊断结果，以下描述的只是其中一例。诸多方法的共同目的就是我们希望用充满希望而不是绝望的方式呈现诊断结果。以下就是我的做法，这绝对不是唯一的方法。请记住，要用优势取向的方法告诉孩子他患有分心。

萨姆，10岁，坐在我办公室的沙发上，父母坐在他两边。

我开始说话："好啦，萨姆，我们对你有一点点了解了，我也跟今天见过你的人都谈过了。"萨姆反戴着棒球帽，看着地毯。"我要跟你说，我有很棒的消息要告诉你和你的父母。"萨姆抬头看我。这不是他预期中听到的话。"你的大脑非常棒，就像法拉利跑车一样。你知道法拉利跑车吗？"

萨姆点点头说："我做过一个法拉利跑车的模型。"

"那你就知道法拉利跑得非常快，赢过很多赛车。你的大脑也会让你赢得很多比赛。你真幸运，你有个跑车级的大脑。"

萨姆笑了，他的父母也跟着笑起来。

"可是有一个问题：你只有自行车的刹车系统，你的刹车系统不足以控制你的跑车头脑。所以你看到红灯时停不下来，转弯的时候也慢不下来；你想专心的时候常常无法专心，你无聊的时候常常无法遏止自己发呆或惹上麻烦。”

萨姆的父母笑了，萨姆点点头。

“好，我是刹车专家。我会帮你强化你的刹车系统，你想慢下来的时候就可以慢下来了。这样，你就可以在赛车比赛中获胜，而不是在转弯的时候飞出去，或因闯红灯而撞到别人了。”

事实上，用刹车不灵的跑车头脑来描述分心者的大脑非常贴切。ADD研究专家拉塞尔·巴克利[①]认为ADD就是大脑抑制系统出了问题。大脑的抑制系统无法充分发挥作用，导致ADD的三大特质（巴克利称为ADD的神圣三位一体）：分心、冲动和多动。无法抑制外界输入的刺激导致的分心和间歇性的注意力不集中困扰着ADD患者。而无法抑制心里产生的欲望导致的冲动和多动，让患者惹上无数的麻烦。因此，大部分治疗都着重在训练患者有意识地抑制大脑活动上。

在我看来，巴克利的理论其实只是在用华丽的学术语言说明：跑车头脑的刹车系统坏了，需要刹车的时候刹不了车，于是引起大麻烦。如果你停不下来，你就无法专注；如果你无法专注，你就无法好好完成任何一件事情。

① 拉塞尔·巴克利（Russell Barkley），国际公认的ADD领域权威，著有《如何养育多动症孩子》（*Taking Charge of ADHD*）。

我跟萨姆和他的父母如此解释。我从他们脸上的表情中看出来：他们觉得我说的有道理，可是他们心里还是有些疑虑。

“大家会跟你说，你患有 ADD，可是我希望你把自己看成刹车系统不太好的跑车。我不希望你把 ADD 视为疾病，而是当作一种很有潜力的天赋，很难被发掘出来的天赋。你已经知道了，分心者的人生很困难，你可能觉得分心是诅咒，而不是天赋。可是如果你愿意努力，又得到了正确的帮助，你会逐渐发现自己的天赋被激发了。那时候你就会觉得自己非常幸运了。”

“你可不可以多说说天赋的部分？”萨姆的母亲开口了，声音里充满希望和怀疑。毕竟，分心给萨姆的生活带来太多困扰，他的父母完全看不到天赋在哪里。

我回答：“当然。根据我们跟萨姆的谈话，我来描述一下萨姆日常生活是什么样的。

“我猜，萨姆是一个非常有想象力的孩子，能够跳脱限制、站在传统框架之外思考问题。事实上，他可能无法待在框框里面思考！我敢打赌他很爱玩，有某种特殊的幽默感。我猜他的直觉非常强，常常不用思考就能想出解决问题的方法，而每当想出方法的时候，他自己都不知道这个想法是从哪冒出来的。我猜他有某种很吸引别人的特质，这种特质是一种魅力。我猜你会担心这种特质将逐渐被批评和责备的声音淹没，但他从来不放弃。我猜他虽然常常遭到处罚或嘲笑，但他还是会坚持下去，他很有韧性。萨姆，你知道韧性是什么意思吗？”

萨姆摇头。

“韧性就是你从来不放弃。韧性就是不管别人说了多少次不可以，你都会继续尝试。就像你妈妈不准你做某件事情的时候，你可能一直缠着她，把她弄得快要疯掉。你妈妈说得对，一直缠着别人很招人烦，你必须学会不这样缠着她。但这就是你的韧性，现在你知道是什么意思了，韧性也可能成为你人生的宝贵财富。你知道财富是什么意思吗？财富就是优势，分心孩子具有的优势。”

我继续说：“ADD还有哪些常人看不到的优势呢？充沛的精力、好奇心，以及创造力。有些专家认为这些特质在分心者身上并不比一般人多。可是我的经验证明，分心孩子的这些特质确实比较强。而且，你越注意到这些特质，越鼓励这些特质，这些特质就会表现得越来越突出。

“我们来看看，还有什么优势？忘东忘西。分心者不会一直记仇，因为他根本记不住。另外，他们心肠很好、很大方。分心者也很敏感，因此有时候很容易受伤。他们也很有洞察力，因此常常让大家吓一跳。比如，有一天，我患有ADD的女儿跟我说：‘爸爸，如果世界上没有人因为恐惧而畏缩不前就好了。’我们当时正在讨论‘9·11’事件，她那时才13岁。我不知道她怎么会想到这句话，但是我很珍惜她这次表现出的洞察力，并常常跟别人提起。分心孩子和分心成年人的洞察力、天赋和优点常常让人惊喜。”我问萨姆的父母：“听起来像不像萨姆？”

“几乎一模一样。”他母亲说，“我就是担心像你说的那样，这些优点在他每天面对的负面批评中逐渐消失了。不只是学校的老师，我也会批评他。”

就像绝大多数分心孩子的家长一样，萨姆的妈妈也是个很棒的家长。当然，她有时候会非常受挫，然后就责备孩子。她根本不知道是怎么回事。我跟她说：“作为分心孩子的父母，会遇到很多困难，尤其是孩子被诊断出患有 ADD 之前。所以今天对你们来说是个好日子，因为你们渐渐明白为什么养育分心孩子那么困难以及今后该怎么做了。要做的事并不容易，但是从现在开始，你们每个人的生活都会得到改善。”

“那长远看会怎么样呢？”萨姆的母亲问，“我拖了这么久才带他来做评估就是因为我听说了很多分心的危害，所以我不敢来。未来会变好吗？”

我看着萨姆：“萨姆，你认为呢？你会在赛车场上获得胜利吗？”

萨姆微笑着点点头。我真想跳起来和他击掌。

诊断应该带来希望。我之前提到过，跟孩子说他分心时要很小心，并且要强调分心的积极意义。同时，临床医生或专业人员传达确诊结果时要有共情力，但是不要道歉或怜悯。如果他们将分心视为噩耗，完全不提它的积极意义，那么你以后就不要再去找他们了。我们当然承认分心会让生活变得很艰难，但是，在这个阶段，专注于分心的危害会带来破坏性的结果。

你大概已经很清楚分心的危害了，但是出现这些消极结果是因为没有人了解分心，导致孩子无法得到正确的帮助。所以你才会听到有人犯法、进了监狱或干了其他坏事。这些事情确实存在。监狱里挤满了没有被诊断出来的分心者。分心者比一般人更容易离婚、失业、遇到经济危机等。不接受治疗的话，分心可能会成为患者终生的噩梦。他们知道自己可以表现得更好，但是不管如何努力，就是做不到，因此会更受挫。一次又一次地失望，分心者渐渐觉得努力也没用，但是因为很有韧性，他们会一直尝试，一直失败，于是越来越愤怒，甚至诉诸暴力或物质成瘾。分心者有时会放弃，有时会陷入严重的抑郁，有时甚至会自杀。虽然我们需要了解分心者会面临这样的危机，但是宣布确诊结果时不适合描述这些负面的细节；相反，这个时候要让他们燃起希望。所以我对萨姆和他的父母说："只要得到正确的帮助，萨姆就可以赢得很多比赛，萨姆的人生会很精彩。我们只需要给他提供正确的帮助。"

正在读这本书的父母，你已经在寻求"正确的帮助"了。就像我之前说的，最重要的是：你要爱孩子的真实面貌。你需要让孩子知道，你爱他真正的样子。当然，只说一次还不够，你需要不断地向孩子传达自己无条件的爱。

如果你有时候没控制住自己，发了脾气，也不要自责。所有的父母可能都会这样，大部分人还会经常发脾气。而我唯一想力劝你遵守的规则就是不要打孩子，这是所有的家庭都应该遵循的规则。打孩子是没有必要的事，而且非常具有破坏性。打孩子太容易了，不打孩子才需要技巧和耐性。

有时候，你就是会发脾气、大吼大叫，甚至很想打孩子，这很正常。这并不表示你不爱孩子，这只代表你是个正常人，因为养孩子本来就不容易。放轻松点儿，发脾气之后，诚恳地跟孩子道歉，这样你才能为孩子树立一个好榜样，以后当你要求孩子道歉时，他才可能会道歉。

接下来，在评估分心的谈话中，我们开始讨论对分心者可能有帮助的药物。在所有的治疗方法中，药物的疗效最快速、最有效。但是，药物不是百分之百有用，而且很多父母不愿意给孩子使用。优秀的临床医生不会一直让孩子使用药物，也不应该告诉你孩子必须吃药才能好。虽说如此，你或许还是会让孩子用药。

因为宣传不到位，大部分人对兴奋剂药物有着无谓的恐惧。一方面，从医学角度看，只要用量得当，这类药物非常安全有效，但是很多人听到了过多负面说法，所以不太敢使用。其实，如果有效的话，药物就像应对近视的眼镜一样，不会让分心孩子变得聪明或听话，只会让他的大脑更专注，让他更能发挥天赋。

但另一方面，药物也可能被滥用。不只是兴奋剂药物，其他抗抑郁药物、抗焦虑药物、抗精神病药物等，都可能会被随意过量使用，尤其是现在这种寻求“速疗”的时代。虽然药物可以很快奏效，但是并不一定总是有效，如果使用不当很可能会伤身。具体请参考《分心的优势》(*ADHD 2.0*)[①]一书中关于药物的介绍。

多去学习相关的知识，不能只听一个人的意见。不能只依赖药物，也不能拒绝尝试药物。

——艾莉森，一个分心孩子的母亲

毫无疑问，认识其他分心孩子的父母给我们带来了很大帮助。我了解到其他父母是如何养育分心孩子的，我也可以采用相同的方法试试。这很棒，我发现我不是个糟糕的家长，分心孩子的妈妈不止我一个，我认识了其他有相同遭遇的妈妈。

——马琳，一个分心孩子的母亲

---

①《分心的优势》是哈洛韦尔博士的最新著作，介绍了 ADHD 领域的最新研究和革命性治疗策略。该书中文简体字版已由湛庐引进，浙江教育出版社于 2023 年出版。——编者注

要记住：不到万不得已的时候，不要给孩子吃药。如果你或孩子害怕用药的话，药物的效果也会不佳。除了药物之外，还有很多其他的治疗方法。最重要的治疗就是，将分心视为一种优势。当然不是每个人都这么想，有些人难以接受优势取向的思考模式，我们觉得推广这种模式需要时间是因为分心的负担实在太大了。家庭成员都累坏了，家庭中充满挣扎与争吵，严重的甚至导致夫妻离婚。如果你的人生被分心撕扯得四分五裂，那么让你把它视为优势也显得强人所难。

但是，从事分心治疗多年的工作经验告诉我们，优势取向的思考模式比强调问题和缺陷的思考方式能够产生更好的治疗效果。可是很多分心孩子在学校里，几乎听不到一句认同或赞美的话，他们只能听到责骂、指正或教导。你能想象吗？如果你整天只听到批评声，整天忙着练习怎样做得更好，你会有什么样的感觉呢？如果有人告诉你，你有某些特别的天赋或你的努力终将得到回报，那么你会觉得好很多。优势取向治疗可以为我们指点迷津，让孩子终有一天找到属于自己的“金矿”。

分心孩子的教养法则

- 对于一个可能患有 ADD 的孩子来说，专家的建议无比重要。
- 当孩子第一次听到专家说他的大脑和别人的不一样时，千万不能让孩子觉得受到挫折或诋毁。
- 我唯一想力劝你遵守的规则是不要打孩子。打孩子太容易了，不打孩子才需要技巧和耐性。
- 药物不会让分心孩子变得聪明或听话，只会让他的大脑更专注，让他更能发挥天赋。
- 如果你或孩子害怕用药的话，药物的效果也会不佳。最重要的治疗就是，将分心视为一种优势。

第6章

强调孩子的优势也不能一味地表扬

下面的故事是丹尼尔的妈妈写的，丹尼尔从小就有分心的症状，你会从这个故事中看到优势取向疗法和缺陷取向疗法之间的差异。

我们的儿子丹尼尔很小时就有分心的轻微症状。他上幼儿园时，老师跟我们说丹尼尔无法专注地完成一件事情。她认为丹尼尔可能有分心的问题，但是年纪太小了，无法对他进行评估。她建议我们继续留意丹尼尔的发展。

丹尼尔上小学的第二天，老师就打电话来，我们一点儿也不意外。老师很担心丹尼尔的分心问题，建议我们带他去做评估，结果证实了我们两年来的怀疑：丹尼尔确实患有ADD。学校的心理辅导老师给了我一本书，她很抱歉的样子给我的感觉像是丹尼尔得了什么绝症。我坐下来读书中的第一页，“ADD是一种轻微的脑功能障碍”，我无法相信我读到的东西，我儿子看起来很聪明，可是这本书说他的大脑不正常。我把书还给了辅导老师。我是专业护士，我知道自己要认真学习什么是分心。我得跟最权威的专家学习如何帮助我的孩子，而不是听任学校的老师把他说成那样，这会让他以后很难交朋友。

过了几个星期，我去听了爱德华·哈洛韦尔医生的演讲，他自我介绍时说自己有分心和阅读障碍的问题。哈洛韦尔医生对ADD的解释和之前学校辅导老师给我读的那本书上的临床解释完全不同。事实上，演讲进行到一半时，我就打电话给我先生。我很兴奋地跟他说：“我们儿子的诊断并不是那么无望，他会好起来的。”

我们很快和哈洛韦尔医生预约了时间，并带丹尼尔去。一开始的10分钟，丹尼尔忙着用积木盖房子。我记得哈洛韦尔医生说：“这个孩子显然很聪明、很有创造力。看他怎么盖房子、怎么跟我解释就知道了。”哈洛韦尔医生的注意力立即转移到丹尼尔身上，开始问他在学校的事情。

“丹尼尔，你喜欢上学吗？”

丹尼尔说：“喜欢。”

“你会觉得有时候在班级里学习很困难吗？”

丹尼尔说："会。"

"你在班上会忘东忘西吗？"

"会。"

对话还在继续。丹尼尔一边玩积木，一边回答问题。然后，哈洛韦尔医生问丹尼尔可不可以暂时放下积木，跟他说话。丹尼尔表示非常愿意。

哈洛韦尔医生对丹尼尔解释说他有一个"超级大脑"，这个大脑有时候跑得快到会忘记铅笔放在哪里。丹尼尔听得入神了。哈洛韦尔医生问丹尼尔愿不愿意吃药，看看能否帮帮他的"超级大脑"。丹尼尔说他愿意试试。对于要给丹尼尔服用的ADD药物，哈洛韦尔解释说："就像'给大脑上油'，这种药会让一切都慢一点儿，让你比较容易专心，甚至记得东西放在哪里。"丹尼尔听了很兴奋，尤其是听到他的脑袋很"特别"的时候。

我们跟哈洛韦尔医生谈过之后，丹尼尔开始服用ADD药物，效果立竿见影。他的阅读能力本来和比他小一两岁的孩子差不多，可服药后几个月内就赶上大他一岁的孩子了。老师说他的专注力进步非常快。最重要的是，丹尼尔喜欢跟每个人分享他的"超级大脑"！他让整个世界都知道他的大脑很特别，他很特别。当然，他还是要吃药，给超级大脑"上油"，但药物帮助他在学校和其他地方有好的表现。

丹尼尔一直很在乎别人怎么看他。当知道自己的大脑很特别之后，丹尼尔的自尊心提高了很多。他用乐观的态度看待一切。他现在知道只要服药，他的超级大脑就会越来越好。

有一次在课堂上，丹尼尔告诉老师："我有超级大脑，老师没有。"就是这位老师跟我们说丹尼尔需要测评。有些老师可能会觉得丹尼尔说这些话是在炫耀，但这位老师没有，她知道丹尼尔只是为自己的进步感到骄傲。这位老师是我们心目中的恩人。有一天，丹尼尔也会知道这位老师对他的莫大帮助。

丹尼尔的老师常常说他态度积极，愿意告诉别人他患有分心。老师对他强大的自尊心印象深刻。学校的家长会上，老师让学生写一首描述自己的诗。丹尼尔的诗一开头就用"聪明""有活力""帅气"等词语描述自己。其他家长知道丹尼尔患有分心的时候都会吓一跳。我们一有机会就公开承认，甚至是很骄傲地宣布丹尼尔有 ADD。让别人感到意外的原因之一就是许多分心孩子的自尊心会很低，因为大家一直告诉他们，他们有问题，但是丹尼尔强大的自尊心让他身边的人对 ADD 都持正面态度。我们允许丹尼尔自由地茁壮成长，并帮助他看到自己是一个多么特别的人，包括他的分心在内。

丹尼尔也会跟朋友提起自己的问题。他跟朋友玩的时候，有时会跟朋友说他能够“跳出框框思考”，他的头脑“跑得像跑车一样快”。最近，丹尼尔跟一个朋友和他的母亲说了自己分心的问题。这位母亲打电话给我，说她看到丹尼尔能够这么开放、这么积极地看待自己的分心症状，真是吓了一跳，她有点儿担心自己的儿子也有分心的问题。听丹尼尔说了自己的故事之后，这位母亲不再觉得分心是一件丢脸的事情了，现在她也要看看能够怎样帮助她的儿子像丹尼尔一样享受人生。丹尼尔现在不但是分心的学生，还成为优势取向治疗的典型例子。

丹尼尔的年龄逐渐大了，分心对他的影响也慢慢发生改变。在我们家族和朋友圈子里，他的“超级大脑”已经很出名了。丹尼尔完全能管理自己的分心，包括督促自己每天吃药。如果他忘记了，快到中午的时候，他会跟我们说他忘记吃“超级大脑药丸”了，我们这一天可能会很“难熬”。我们大笑起来，知道他说的是大实话。最近，我们全家去吃自助餐，丹尼尔的吃相像是几个月没吃过似的。我们都震惊地看着他，因为如果他服过药，胃口应该会比较小。丹尼尔看到我们都注意到他吃得那么多，说：“喔，糟糕，我忘记吃‘超级大脑药丸’了。我的‘超级大脑’太饿了！”听后，我们大笑。

我们的儿子在学校时曾被视为不受欢迎的失控儿童。看过医生并用药之后，他渐渐成为一个在学校和其他课外活动中表现很好、运动能力也很出色的年轻人。老师、家长、同学和其他人都很尊敬他，因为他能积极地面对人生。

最重要的是，丹尼尔认为自己是家庭的骄傲，因为他的“超级大脑”很棒。

有时候他还会提醒我们，他有“超级大脑”，而我们没有。我们很爱丹尼尔，他真的是一个很出色的孩子。丹尼尔是上天赐给我们的礼物，我们每天都无比庆幸能和他在一起，并以他为傲。

强调正向不是在作业本上盖个笑脸图章这样的表面功夫；强调正向的父母并不能一直当孩子的啦啦队员；强调正向需要特别的技巧，父母需要有观察力、有洞察力、明智并大胆。做啦啦队员只要求你跳上跳下、挥舞双臂、助威呐喊，任何人都可以当啦啦队员，但是强调正向者需要特别的远见以及特别的投入。学校辅导老师递给丹尼尔妈妈一本关于轻微脑损伤的书，她以为自己在做正确的事。事实上，老师错了，她缺乏远见和投入的精神，在一片混乱中，她无法看到孩子的优势，更不要提从优势角度出发的正向思考了。作为父亲或母亲，你必须越过这片混乱，看到那个制造混乱的、充满创意的大脑；你必须越过逾期没交的作业、未整理的床铺、被忽略的指示和被得罪的老师，看到孩子大脑中转个不停的轮子以及孩子看待世界的独特角度。丹尼尔的母亲决心支持儿子并用正向态度面对分心。她每天提醒他，帮他记住自己有个“超级大脑”。

当丹尼尔的母亲看到书上说分心的孩子有轻微脑损伤时，她勇于拒绝接受这个说法。她不是不肯面对，也不是不愿意接受事实，而是她比下诊断的人更了解自己的孩子。

丹尼尔的母亲拥有难得的力量，这种力量让她可以拒绝听从专家的话，坚持认为自己对儿子的了解比专家的话更重要。她坚持肯定孩子的优势，而不是只看到孩子的缺陷。她不否认问题的存在。毕竟，所有的孩子和成年人都有某些问题，但是她坚决不因为问题而忽视了丹尼尔的优势。

母亲坚持的力量让丹尼尔正确认识到自己的问题。如果丹尼尔的母亲接受了轻微脑功能障碍的诊断，丹尼尔会一边长大，一边认为自己比不上其他孩子，相信自己有缺陷、有障碍，即使自己很特别却也是糟糕的那种孩子。但是现在，丹尼尔为自己感到骄傲，愿意让别人了解他的“超级大脑”，愿意让全世界的人看到他的天赋和能量。

丹尼尔的成功就像其他许多成功人士一样，与他的家人采取的优势取向的态度分不开。

要做到这一点，不但要看到孩子这个人，还必须不断肯定孩子的优点和强项。你需要勇敢面对周围的批评声、质疑声、他人及学校发出的警示，比如“再不趁早管教孩子，一切都来不及了”。**你必须很坚定，成为孩子永不离场的忠诚盟友。当孩子看你的时候，他在你的眼睛里永远会看到笑意。**同时，别让孩子用分心作为借口，降低对自己的期望或放弃努力。

从优势角度出发的正向思考并不只是当孩子的啦啦队员。强调正向需要智慧、爱心、洞见和信念。这是难得而珍贵的能力，也是分心孩子的父母最需要学习的能力。

分心孩子的教养法则

- 强调正向不是在作业本上盖个笑脸图章这样的表面功夫；强调正向的父母并不能一直当孩子的啦啦队员。
- 强调正向需要你有观察力、有洞见、明智并大胆。
- 你必须很坚定，成为孩子永不离场的忠诚盟友。当孩子看你的时候，他在你的眼睛里永远会看到笑意。
- 别让孩子用分心作为借口，降低对自己的期望标准或放弃努力。

第7章

分心孩子缺点的背面就是优点

我永远忘不了那个读小学一年级的男孩亨利。30多年前，他因为行为问题被老师转介到我的诊所。我们第一次见面时，亨利的母亲坐在办公室的双人沙发上，而亨利坐在我做全髋关节置换手术之前最爱坐的那张椅子上。我把这张椅子称为“宝座”，我鼓励来我这儿的孩子坐在上面。我曾说过，我会努力让来到这儿的孩子感到舒服自在，因为来精神科往往和去牙医诊所或校长室一样让人退避三舍。

满头的黑发像一个碗似的盖在亨利的头上，亨利戴着哈利·波特式的眼镜。他兴奋地试坐那张椅子，好像在试车一样。正当亨利舒服地坐下时，他的母亲开始紧张地跟我倾诉学校里发生的事情。她是我经常遇到的，同时也很喜欢的那种类型的母亲：焦虑、深爱着孩子，却又被孩子搞得快发疯了。这些母亲经常说："我爱他，可是怎么会这样呢？我一点儿心理准备也没有。他是我的宝贝，可我就是没办法跟上他的脚步。"

"你刚刚说老师叫他离开教室，去校长室报到？"我问。

"对。"然后她看看亨利又说，"在亨利面前说这些没关系吗？"

我看着亨利，问他："亨利，你觉得呢？你母亲可以当着你的面跟我说你的事吗？"

"可以啊。"

"谢谢你，亨利。如果你有任何想补充的话，或是你觉得妈妈说得不对，就直接打断我们，没关系。"亨利点点头，随后继续用各种姿势玩那张椅子。

亨利的母亲说："在科学课上，老师正在讲'火的原理'，火需要氧气才能燃烧。对小学一年级的学生而言，我觉得这个知识有点儿深，可是老师和学校的教学进度很快。总之，亨利很喜欢科学，他觉得很好。老师又讲了'外太空'，说外太空是真空的，没有空气，没有氧气，什么都没有。之后，老师又讲到'太阳'，说太阳是一团大火球。"

"这时候，亨利没有举手就插嘴说，'可是太阳怎么可能是一团火呢？火燃烧需要氧气，而外太空是真空的，又没有氧气。’老师很生气，因为亨利总是不举手就打断她的话，所以老师让他去校长室。老师跟我说亨利总是想说就说，她希望亨利改掉这个坏习惯，这就是为什么她会把亨利赶出教室。她也建议我去跟专家谈谈，所以我就来这里了。”

看得出来亨利正在仔细听我们说话，虽然他没有看我和他母亲。我问：“你现在知道答案了吗？”

亨利的母亲问：“什么答案？”

“亨利的问题啊。如果外太空没有氧气，太阳怎么可能是一团火？”

“我不知道。”亨利的母亲看起来有点儿恼怒。因为我竟然把话题放在这个问题上，而不是讨论她提出来的问题。“那你知道吗？”她追问。

我说：“我跟你打赌亨利知道。”

“你怎么知道我知道？”亨利马上问我。

我说：“因为我知道你一旦开始好奇就停不下来，直到你找到答案才能停止。”

亨利马上宣布了答案：“因为太阳像一个巨大的化学反应炉，

不需要外界提供氧气就能燃烧。”

他的母亲惊讶地问：“你怎么知道答案的？你从来没跟我说过。”

亨利笑着回答：“你从来没问过我啊。”

他的母亲问：“小子，所以你到底是怎么知道的？”

亨利回答：“是鲍尔校长和我一起找出答案的。”

他的母亲很惊讶地说：“真的吗？”她看看我，然后说，“就是他建议我们来找你的。”

我问：“你在校长室就是和鲍尔校长聊太阳吗？”

亨利露出大大的微笑说：“对呀。他说我提出了一个非常有意思的问题，我们最好在我离开校长室之前一起找出答案。所以我们就上网搜寻火和太阳，然后就得到答案了。”

我问：“你被处罚了吗？”

“校长叫我不要再打断老师的话了，但是他也跟我说，如果我以后不再提出问题的话，我就会惹上很大的麻烦。”

幸好世界上有亨利这样的人，也有鲍尔校长这样的人。而不幸的是，通常不会有如此维护学生的校长，一般的校长只会让学生受到更深的伤害。亨利很幸运。

这世界上有很多像亨利的科学老师那样的人。现实中，每个老师身上多多少少都有一点儿亨利老师的影子。或许，老师必须那样做才能管得住学生。无论如何，这个事实短时间内不会改变。我以前相信，解决问题的方法就是进行全面的教育改革，但是教育改革需要花费很长时间，来不及帮助现在的学生和家长。所以我觉得，最实际的做法就是帮助学习风格不同的孩子和其父母快速地适应学校的环境，而不是等待学校学会如何教育各种不同学习风格的孩子。如果你想通过家校合作促进教育改变，请参考本书第 11 章或阅读珍妮弗·福克斯（Jenifer Fox）写的《优点教育的惊人力量》（*Your Child's Strengths*），或彼得·詹森医生写的《注意缺陷多动障碍儿童家长手册》（*Making the System Work for Your Child with ADHD*）。

保障孩子在学校和今后的人生中获得最大效益的最佳办法就是采取优势取向治疗。我们必须超越缺陷取向的医学模式，才能真正欣赏 ADD 的优势，并发现它的“镜像特质”（mirror traits）。

在我医学专业的学习和实践过程中，我和其他医生一样专注于 ADD 的问题，特别是那些会给人带来困扰的 ADD 特质。

大约 30 多年前，因为出现许多像亨利这样的个案，我开始强调镜像特质。镜像特质是指负面症状里的正面价值。我们强调正面价值的结果就是：缺陷取向疗法所引起的羞耻、恐惧、失望和其他问题将不复存在。

你可能会问，缺点里面怎么可能有优点呢？道理很简单。事实上，ADD 充满了这种矛盾。比如注意力不集中，这是 ADD 患者最明显的负面症状之一。想象一个叫约翰尼的小孩，他的教师的评语写满了"约翰尼无法集中注意力""约翰尼如果能专心一点儿，成绩也许会更好""与课内活动相比，约翰尼对课外活动更感兴趣""约翰尼需要在作业上更用心"等评价。一个学生如果比其他学生得到更多这种评语，那么我们大概就会认为他患有 ADD，应该接受专业评估。

让我们想一想，我们是否过于轻易地给学生贴上容易分心的标签了？分心不就是非常具有好奇心吗？如果你的大脑忍不住要去注意其他更有趣的事情，如果你的大脑无法让自己停留在无趣的地方，就一定是坏事吗？这可能是坏事，比如开车时如果非常容易分心，就可能会经常出车祸（确实，分心成年人比一般人更容易出车祸）。但是反过来说，高度的好奇心也可能让你仔细探究人生的秘密，让你的人生充满意外惊喜和宝贵的发现。

所以，分心的特质到底是优点还是缺点呢？这要视情况而定。如果你的分心或好奇心让你错过了化学课上的重要内容，导致成绩不理想，那么，你的分心或好奇心就会成为缺点。如果你走神儿时想出了很棒的点子，对化学课的学习有很大帮助，那么，你的分心或好奇心就是优点了。重点是：这种特质本身既不是缺点也不是优点。只要你不将分心视为缺点或优点，就不会觉得羞耻，你就可以比较轻松地掌控它、利用它；而如果你将分心视为缺点，反而不容易克服。

中立地看待分心的特质，分心既有利也有弊，你就能避免学习障碍带来的最糟糕的后果：羞耻和恐惧。羞耻和恐惧让人裹足不前、故步自封。

分心不应该让人感到羞耻和恐惧，就像我之前说过的，只要应对方法得当，分心可以是一份礼物、一种天赋。我们必须了解：这些特质不见得是缺点，也可能是优点，就像优点里面也可能有缺点一样。

让我们想想 ADD 的另一种特质：冲动。冲动这两个字总给人一种负面印象。被人说很“冲动”时，没人会引以为傲。通常情况下，这两个字被用来批评，甚至责备他人。分心孩子或分心成年人一天到晚都在听别人说自己“太冲动了”“先思考再行动，不要那么冲动”“你总是开枪、瞄准、预备！应该是预备、瞄准、开枪”“你从来不先思考就开口”“我从来想不到你下一秒会说些什么”，这些话可不是什么赞美之词。

冲动的另一面是什么呢？如果你说话不过脑子，如果你总是被自己的冲动所左右，会有什么正面结果呢？被大家经常谴责的特质会有什么好处呢？

绝对有好处。创造力不就是一种积极的冲动吗？你无法提前计划创意，你不可能跟自己说“现在是 10 点，我的创意要出现了”，然后创意就像母鸡生蛋似的准时出现。没错，创意不会准时出现，它总是突然闪现，可能是三更半夜，也可能是你淋浴的时候，创意就自动在你的键盘或舌尖上跳跃了，你根本意识不到自己的大脑在思考。一个人要想有创意，他骨子里必须是不受压抑的，也就是说有点儿冲动。

这不是说我们要赞美孩子每一次的冲动行为。我们并不鼓励孩子肆意地在电梯里打嗝，无所顾忌地殴打其他的孩子，或在课堂上不举手就插嘴说话。而是说，我们需要了解，在冲动这个负面特质里确实有着创造力这个正面特质，如果我们看不到事情的两面性，就大错特错了。当你看到镜像特质，你就能用比较平衡的方式看待孩子，也就能避免产生羞耻感和恐惧感。如果孩子只听到别人用负面语言描述自己，难免会产生羞耻和恐惧的心理。

检视一下 ADD 患者的特质，你会发现每一个负面特质都有与其对应的正面镜像特质。比如多动，这是最早用来定义 ADD 症状的词语，起初就是失控的男孩让我们注意到了它。在布拉德利医生生活的 20 世纪 30 年代，或者更早的时候，医生们就开始尝试控制失控的行为，现代诊断标准称多动为“好像有个马达不停地动”。除了医生，父母、老师和所有照料者也在试着减少孩子多动、攻击性和破坏性的行为。其中暴力行为最容易让孩子闯下大祸。

那么，破坏性和失控行为有什么好处呢？多动也有好的一面吗？是的，那就是能量。我就有冲动的特质，随着年纪越来越大，我很高兴自己还能拥有特别多的能量。在我 7 岁的时候，这种能量有时会让我惹上麻烦，但是现在它成为我最宝贵的财富之一了。

当然，我需要学习如何控制自己的行为。就像我跟分心孩子说的，我的头脑也是跑车，我也需要强化我的刹车系统，才能赢得比赛。我必须学会控制、强化刹车系统，否则我的车子会很容易在转弯时飞出去而撞到墙上。

将多动视为能量以及认识到多动的正面价值，让我和其他多动的分心者感到自豪，而不是羞耻。我们并不将自己的症状和精神障碍画上等号，而是将自己视为刹车有时会失灵的跑车。比起“缺陷”“失控”“障碍”或“坏孩子”的标签，这个比喻让人感觉好多了。

我们不是在自欺欺人，而是在发掘潜藏的才华与能力。在缺陷取向的诊断下，这些才华很可能会被埋没。

以下就是 ADD 患者可能有的负面特质以及与它们相对应的正面镜像特质（见表 7-1）。

表 7-1　ADD 患者的负面特质以及与其对应的正面镜像特质

ADD 患者的负面特质	伴随的正面镜像特质
· 容易分心	· 好奇心
· 冲动	· 创造力
· 多动	· 充满活力
· 中途闯入或插话	· 热心
· 无法停留在一处	· 能够洞察到别人看不到的联系
· 忘东忘西	· 全情投入正在做的事情
· 杂乱无章	· 心血来潮，自动自发
· 顽固	· 坚持，不轻言放弃
· 反复无常	· 灵光一闪
· 情绪不稳定	· 敏感

你越能从正面的角度重新检视孩子的特质，就越能全面描述孩子这个人，而不只是简单描述他的问题。缺陷取向模式忽视了孩子的优点，其后果可能很糟糕。**忽视优点往往会让优点逐渐消失，或是永远无法得到发挥。**

我们不是要否认分心造成的困难，困难当然会有。就像我之前提到的，监狱里有很多未被诊断、未接受治疗的分心者。但是 ADD 确实有它的优势，这些优势会让分心孩子或成年人走向成功，甚至成为伟大的人。

当我跟别人谈到分心孩子的人生也可以很棒的时候，他们不相信，甚至指责我是在编谎话、自欺欺人或给分心孩子及其父母不实的希望。这些人希望我从比较负面的角度谈“分心”，他们认为那才比较正确。

我尊重这些人，也尊重他们的看法，因为我们的初衷都是试图帮助分心孩子及其父母。但是，强调问题只会让问题更严重。他们当然不希望问题更严重，但是一直强调缺陷会让负面印象植根在分心孩子和他们的父母的心里。如果不幸的话，这些孩子和其家长在往后的日子里会受到分心的刻板印象的影响和暗示，这将不利于孩子成长。

为了证明我的论点，我和凯瑟琳·科尔曼（Catherine Corman）合著了一本书，叫《ADD 万岁》（*Positively ADD*）。这本书讲述的是分心孩子如何快乐成长并取得成功的故事。

凯瑟琳原本是哈佛大学的历史教授，生了三胞胎后，3 个孩子都被诊断患有 ADD。她离开了教师岗位，开始全心全意抚养孩子，并试着发掘他们的潜力，创作这本书就是为了帮助孩子。她切身体会到养育分心孩子有多艰难，她想让孩子看到分心者的成功榜样。

我们将不同背景的分心者写进书中。每个真实的故事都在向我们证明，那些坚持认为分心一定是一种障碍、认为分心没有任何好处、认为所有分心者的未来都很黯淡的人是多么离谱。事实胜于雄辩。

《ADD 万岁》里的部分范例包括：

- 美国政治策略专家詹姆斯・卡维尔（James Carville）。
- 美国职业棒球大联盟中的芝加哥小熊队（Chicago Cubs）后援投手斯科特・艾尔（Scott Eyre）。
- 美国捷蓝航空（JetBlue Airlines）创始人戴维・尼尔曼（David Neeleman）。
- 罗德奖学金[①]获得者希瑟・朗（Heather Long）。
- 美国哥伦布机员足球俱乐部（The Columbus Crew）队员德温・巴克利（Devin Barclay）。
- 普利策奖（Pulitzer Prize）[②]得主、摄影记者莎伦・沃姆斯（Sharon Wohlmuth）。
- 阿斯特里斯咨询顾问公司（Asteres）总经理琳达・平尼（Linda Pinney）。
- 普利策奖得主、《芝加哥论坛报》（*Chicago Tribune*）记者克拉伦斯・佩奇（Clarence Page）。

---

① 罗德奖学金（Rhodes Scholarships）是世界级奖学金，获奖者被称为“罗德学者”（Rhodes Scholars），可以到英国牛津大学进修两年或三年。——编者注

② 普利策奖，又称普利策新闻奖。是根据美国报业巨头约瑟夫・普利策（Joseph Pulitzer）的遗愿于 1917 年设立的奖项，后发展成为美国新闻界的最高荣誉奖。评选制度经过不断的完善后，普利策奖成为新闻领域的国际最高奖项，被誉为“新闻界的诺贝尔奖”。

这份名单以及书中的故事不说自明。我们可以找到很多这样的故事，这些故事表明：在许多不同的领域，分心者也可以获得成功和快乐。对所有父母和孩子来说，这无比重要。这些人不但取得了事业的成功，他们的生活也很幸福；这些人都在曾经被认为是有缺陷或“坏”的特质里找到了自己的优势。

在缺点里寻找优点，也就是我说的正面镜像特质，绝对不是文字游戏。这会让你对分心有充分的了解。你不但能看到问题，更重要的是，也能看到分心特质中健康的、有天赋的、正确的一面。

如果每个人都把正面镜像特质纳入 ADD 的定义里，那么我们就能更理解分心，更有效而热切地为分心者提供帮助。

分心孩子的教养法则

- 最实际的做法就是帮助这些学习风格不同的孩子和其父母快速地适应学校的环境，而不是等待学校学会如何教育各种不同学习风格的孩子。
- 我们必须了解：这些特质不见得是缺点，也可能是优点，就像优点里面也可能有缺点一样。
- 忽视优点往往会让优点逐渐消失，或是永远无法得到发挥。

第二部分

发掘孩子的优势

SUPER-
PARENTING
FOR ADD

重视孩子的优势能力，
不要让别人说孩子不够好。
学校的老师或亲戚朋友可能会说这说那，
别相信他们！
去寻找其他可以让孩子成功的机会！

第8章

用优势循环的方法发掘孩子的才华

虽然我们知道分心孩子或成年人的才华需要发掘，但并不清楚怎样发掘。在前面的内容中我已经教大家从优势取向的角度思考，认识孩子行为的正面镜像特质，而现在我们需要挖掘发挥优势的策略和细节。

本章我将提供一套行之有效的策略，我自己常常使用这个策略，也看过别人使用。这个策略就是优势循环（the cycle of excellence）5 步骤。

我举一个实际生活中运用优势循环 5 步骤的例子，之后再仔细解释每一个步骤。

每年暑假，我太太和我经常带着 3 个孩子到康涅狄格州诺福克的杜利特尔湖（Lake Doolittle）度假。在我年轻的时候，我经常去杜利特尔湖边度假，刚开始的几年我还不认识我太太呢。我们的 3 个孩子——露西、杰克和塔克，出生后也常常跟我们去那里度假。虽然那儿没有电视看，屋内陈设也很破旧，户外只有一个淋浴房，但孩子们很爱去。每次问他们去不去其他地方度假时，他们都坚持要去杜利特尔湖。

每次去的时候，我都会带个新玩具拿到湖上玩。为了保持湖水清澈，当地的主管机构不允许游客在湖上使用燃气发动机。我曾带过风浪板、皮划艇、可漂浮的弹簧跳床，以及可充气的玩具阿波罗 15 号太空船。而在 2007 年夏天，我带的是我这辈子买过的最奇特的玩具——水上飞车。

水上飞车看起来像个巨大的黄色蚱蜢，有把手和两个脚踏板，约 1.8 米高、3 米长。前端可以浸到水里去，而后部是约 2.4 米宽的平面，也可以浸到水里。飞车的制作材料是金属管线和黄色塑胶。

水上飞车的游戏规则很简单：站在码头边，把水上飞车放到水里，抓住把手，一只脚放在脚踏板上，另一只脚推离码头。一旦双脚都站在脚踏板上，你就要上下跳动，像跳弹簧床似的产生动力，让水上飞车漂在水上前进。

圣诞节早上，我把水上飞车送给全家人。整个冬天和春天，它都待在盒子里，根本没派上用场，这是为了去杜利特尔湖度假而特意准备的。当时 15 岁的杰克特别期待着试骑。当我描述怎么玩水上飞车时，他的眼睛都亮了，看得出来他多么期待能马上玩水上飞车。

暑假终于来了，我们来到了杜利特尔湖。除了杰克以外，其余所有人都兴奋地跳进了湖里玩耍。杰克没有跟我们一起跳进湖里，他很有耐心地坐在湖边组装水上飞车。

这个任务并不简单，特别是对患有 ADD 的杰克来说，他很讨厌读组装说明书。杰克的直觉特别厉害，他会先凭直觉组装，而不是先读说明书。当遇到很大的困难，他可能才会非常不情愿地读一读组装说明书。

1 小时内，杰克组装好了（要是我，可能会花一星期）。我们都很惊讶，围在码头上等着他试航这个奇怪的东西。我们都想象着，我猜杰克也想象着，他的脚会轻易地推离开码头，在湖上快乐地航行。

但是，事实不是这样的，杰克离开码头……然后立刻像石头一样沉了下去。我又读了读组装说明书，看起来好像很简单。我跟杰克重述了一遍：站稳了，不要太往前倾或太往后仰，推离岸边时要用力。杰克又试了一次，但还是沉了下去。

除了杰克之外，我们所有人都决定放弃水上飞车而去屋内准备烤肉——这是我们在湖边度假的传统。2 小时后，我听到杰克从湖上喊：“爸爸，我会了！快来看！”我放下烤肉叉，以一个换过髋骨的 57 岁男人能够拿出的最快速度冲到 30 米外的码头。

杰克站在码头，握着把手，一只脚在脚踏板上，另一只脚在码头上。他说：“开始！”他用力蹬开。这次，当他上下跳动的时候，水上飞车没有往下沉，而是在湖面上往前冲出去。杰克带着胜利的微笑跳动着。他转了一圈，回到码头。当他靠岸时，脸上的光彩仿佛可以照亮最黑暗的夜晚。这个表情代表着成长中的孩子为自己累积了最重要的财富：信心和自尊心。

这个故事为大家演示了我称之为“优势循环”的 5 步骤：第 1 步是最重要的，为孩子创造一个有联结的环境；第 2 步是玩耍；第 3 步是练习；第 4 步是掌握技能；第 5 步是得到认可。别人对你的认可会将你和认可你的人之间联结起来，这个循环就完整了。

第 1 步很重要，创造有联结的童年。现在的孩子在成长过程中特别缺少联结，他们可能拥有很丰富的物质环境，但是生活中缺少最重要的元素，比如与某些人、某些地方和热爱的活动之间的情感联结。有联结的孩子会觉得自己在社会上有更多的参与感。他能感觉到自己被爱着、被关心的手臂拥抱着。“感觉”是个关键，它是无法言说的，比信仰或知识更深刻。我称这种情感联结为“联结维生素”。我在本书开始就说过，让孩子茁壮成长的秘诀就是爱。爱让人感觉到联结。

当然，我建议你为孩子创造的联结环境，并不是指电子联结。电子联结，比如手机、电子邮件、社交软件、网络，已经定义了现代生活和现代人的童年，这是前所未有的。我欢迎各种电子产品的出现，不主张把历史的时钟调回到过去，但是电子产品的使用必须适度。

如果电子联结取代了其他的所有联结，那么我们的生活就危险了。电子产品的危险在于它们具有强大的诱惑力，甚至会导致使用者产生依赖性。家长一不小心，孩子很可能就会过度使用电子产品，这将不利于孩子健康成长。

有联结的童年也应该包含电子产品的联结。我用“应该”这两个字，是因为只要正确使用，电子产品可以帮助孩子学习及建立人际关系，否则，电子产品的联结就完全不是我所说的联结。

有联结的童年包括许多正向联结，比如，给孩子安全感、让孩子快乐，以及提供指引孩子的力量。

发展、培养以及鼓励重要的联结，至少包括以下各项：

- **和家庭建立联结。**这是一个有联结的童年的核心。“联结”并不表示“没有冲突”，联结的对立面也并不是冲突。要建立有联结的家庭，必须花时间相处、沟通、互动、讨论、争论，甚至吵架，但就是不要不理彼此。一家人一起吃饭，一起出去玩。重视家庭传统、仪式、节庆和家庭成员的生日。

- **和朋友及社区建立联结。**友情让人生有了意义。鼓励孩子交朋友，并维持和朋友间的友谊。自己以身示范，多花时间和朋友相处，即使有困难也要尽力和朋友相处。爱尔兰诗人叶芝（W.B. Yeats）说："在人类的无上光荣开始和结束之处思索，我会说，我的光荣即有过这样的朋友。"

- **和学校或职场建立联结。**重点不是成绩如何或薪水多少，而是在学校或职场舒服自在、受欢迎、有归属感，能感觉到自己很有活力。

- **和热爱的活动建立联结。**鼓励孩子尝试能做的所有的事。童年就是探索的年纪，是发现喜欢什么、热爱什么，以及不在乎什么的年纪。发现越多喜欢的活动，就越可能得到终生的快乐。

- **和过去建立联结。**培养孩子和过去的联结，可以让孩子听祖父母讲故事，跟孩子说自己的童年故事以及家庭传统、奋斗史、高光时刻和盼望的事。

- **和大自然或特别之地建立联结。**孩子会很自然地和大自然产生联结，只要带他们出去就好了，带他们去特别的地方，比如树屋或天然野溪泳池，这是童年生活的一部分。

- **和艺术建立联结。**音乐、童谣、打扮、画画……儿童是天生的艺术家。一旦和艺术建立联结，他们会渐渐发展出一生的兴趣。

- **和宠物或其他动物建立联结。**如果可以的话，每个孩子都应该有宠物。宠物提供了人类间不可替代的特殊联结。

- **和信息及想法建立联结。**关键不是你知道多少或你有多少好点子，而是你是否能够很自在地和信息及想法建立联结。学习的最大障碍就是恐惧，要培养孩子不畏惧和信息及想法建立联结的能力。

- **和团体、球队、社团及机构建立联结。**某些团体可以培养孩子的责任感，也可以让孩子感受团队的力量和合作的乐趣。

- **和一种良知或实践建立联结。**帮助孩子树立正确的理想信念，不一定是正式的宗教信仰，可以是关于人生终极问题的一些思考，让孩子能够思考生命的意义。最好有特定的地点和组织形式，让孩子在实践中领悟，知行合一。孩子天生会好奇这些问题，父母可以多鼓励孩子思考精神层面的问题。

- **和自己建立联结。**当其他的联结不断成长时，和自己的联结也会自然而然地发生。看到孩子渐渐自在地随性成长，而不需要假装长成任何人期望的样子，总是令人欣慰的。如果你创造了一个充满良好联结的童年，发展出以上提到的各种联结，那么孩子自然会和自己产生良好的联结。

每个人都可以享有充分联结的童年。不用花钱、不用考试、不需要任何条件、不需要通过任何测验，只需要下决心为自己或孩子创造这个联结。

爱与联结是同步发生的。如果你创造了充分联结的童年，自然就会创造充满爱的童年。这是父母最需要努力的，特别是那些面临无数挑战的分心孩子的父母。

以杰克和水上飞车为例，你可以看到他和杜利特尔湖建立了很好的联结。他允许自己冒一点风险，让自己接受起初的失败。他很熟悉每年会有一个新的水上玩具的家庭传统。在圣诞节看到这个玩具后，他从冬天就开始和第二年夏天的度假产生联结。这让我们能一直记住并珍惜这个家庭传统。

这个联结的重点不是买玩具或花钱租度假小屋，而是创造支持家庭联结的传统。这个传统可以是除夕夜一起看联欢晚会；可以是每个星期日去博物馆参观，然后一起吃午饭；也可以是每年聚在电视机前狂热地观看足球比赛。这些传统可以不花一分钱，只需要花些时间，可是得到的联结却是无价的。

联结很自然地会带来优势循环的第 2 步：玩耍。玩耍是指任何释放孩子想象力的活动。只要有想象力，很多事情都可以变成游戏。玩耍时，孩子发现了世界，也发现了自己的头脑是什么样的、自己喜欢做什么，以及以后还想做什么。**在游戏中，孩子会成长。在游戏中，孩子发展出“我可以做这个”或“我想做这个”的感觉，这会让他满心期待着明天。**这些是快乐人生的重要标志，比优异的成绩或耀眼的奖杯更重要。

杰克和杜利特尔湖以及家庭建立了良好的联结，他开始和水上飞车也产生联结了，于是开始玩耍。

组装水上飞车的过程就是玩耍，因为杰克可以跟着自己的想象力走。组装好之后，杰克尝试玩水上飞车，结果车子却沉下水。

这带领杰克到达第 3 步：练习。由热情的玩耍演变出来的练习会成为孩子终生的好习惯。杰克一直努力尝试，他练习了很多次都沉了下去，但最终还是学会了。

面对自己喜欢又充满挑战的活动勤学苦练，就是优势循环的第 4 步：掌握技能。杰克不断练习，逐渐掌握骑水上飞车的技巧。我并不是说你得成为某项活动的冠军，冠军与明星会带来一种虚荣的感觉，容易造成愚蠢且危险的偶像崇拜，重要的是这个过程中的进步。如果刚好成为冠军或明星，那很好啊，但是我们的目标不是成为冠军或明星，而是要不断努力、不断进步。当你做到这一点，你的能力会越来越强。我说的掌握技能就是这个意思，其效果将是惊人的。

在自己喜爱又充满挑战的活动中不断进步，是建立自信和自尊心最有效的方法。

自信和自尊心是人生成功、快乐的重要标志，所以特别值得培养。掌握技能是最强的驱动力。父母们常常问我："我要如何让孩子有动力？"最好的答案就是让他们掌握某种技能，也就是取得进步，投入某种他很喜欢又充满挑战的活动。如果取得进步，他会很自然地想继续努力，特别是这个活动对他很重要的话。这时候，就不需要其他动力了，贿赂或奖赏都不如从某项具有挑战性又重要的活动中不断取得进步带来的喜悦更令人满足。

但是，这一步也是双刃剑，如果你一直尝试却一直没有进步，只觉得受挫，那你的信心就会受挫。自尊心受伤，动力也消失了。因此，父母、老师或任何和孩子在一起的成年人都要设法让每个孩子取得进步，不管他的能力水平如何。能力水平不重要，进步才重要。只要有人鼓励，每个孩子都可以进步。

一旦掌握了技能，就会得到别人的认可，这就是第 5 步。杰克学会骑水上飞车，我们都看到了。家人和朋友都祝贺杰克学会这么难掌握的运动，他很得意。这是很棒的经历，使得他在各方面都有所成长。

我说的认可不一定是得奖或得第一名，而是指有人能看到你的进步。老师、队友、家长或朋友拍拍你的背或对你点点头、说些祝贺的话，这都表示他们看到并认可你的进步。这样的认可会让孩子的信心和自尊心大增、动力更强，也会让孩子和这些人产生联结。

这时，优势循环就完整了。孩子从联结开始，然后又回到联结。认可产生的联结不但加强了掌握技能带来的内在收获，同样重要的是它也是道德行为的基础。大部分不道德的行为，比如偷窃、破坏、说谎、欺骗和暴力行为，都来自缺乏联结的孩子。他们觉得自己不受尊重、没有价值、不受欢迎、被排挤、被错误对待、被误解，以及被忽视。正确的品德教育应该强调联结。

帮助分心孩子或无论多大、无论身在何处的任何孩子，最重要的就是让他们进入优势循环的 5 步。这个方法最棒的地方就是不分时间、地点，只要愿意，每个人都做得到。

父母不需要特别担心孩子的成绩，只要帮孩子创造一个充满联结的童年就可以。让孩子尽量尝试较多的活动，这样你才能发现孩子的优势。

一旦我觉悟到要克制自己的怒火，事情就开始平静下来了。即使我的儿子不做功课，时间也不会停止，地球也不会毁灭。

——凯茜，一个分心男孩的母亲

不要让别人说孩子不够好。学校的老师或亲戚朋友可能说这说那，别相信他们！去寻找其他可以让孩子成功的机会！

——马琳，一个分心孩子的母亲

大部分父母和老师常犯的错误是他们过快地跳到了第 3 步：练习。如果有问题，他们会要求孩子做更多练习，要孩子更努力。努力大多数时候

确实会有一点儿帮助，但是要求孩子更努力就会像要求近视的人更用力地挤眼睛一样，而实际上，戴眼镜才会更有效。

创造联结的童年、开启玩耍的机会就是给孩子“配眼镜”。有的孩子在学校可能成绩不好，却仍然拥有优势，他的未来仍然充满希望；而有的孩子可能成绩很好却缺乏联结，他的未来可能不会很光明。

优势取向模式和优势循环可以结合得很完美。当你寻找孩子的天赋和优势时，自然会创造联结和玩耍的机会。一旦进入第 1 步和第 2 步，这个循环就会自动运转起来，你的孩子会开始期待明天。你只需要做到这一点，就可以让孩子拥有美好的人生。

我希望你认真看待这个优势循环，并运用在孩子的日常生活中。这是发掘孩子才华最好且最可靠的方法，同时也可以用这种方法培养孩子的重要特质，比如勤奋、自尊心、信心、愿望、热情、友善及道德感。不但你的孩子会大大获益，你和整个家庭都会获益。

分心孩子的教养法则

- “优势循环”的 5 步骤：第 1 步是最重要的，为孩子创造一个有联结的环境；第 2 步是玩耍；第 3 步是练习；第 4 步是掌握技能；第 5 步是得到认可。
- 在游戏中，孩子会成长。在游戏中，孩子发展出“我可以做这个”或“我想做这个”的感觉，这会让他满心期待着明天。这些是快乐人生的重要标志，比优异的成绩或耀眼的奖杯更重要。
- 在自己喜爱又充满挑战的活动中不断进步，是建立自信和自尊心最有效的方法。
- 父母、老师或任何和孩子在一起的成年人都要设法让每个孩子进步，不管他的能力水平如何。能力水平不重要，进步才重要。

第9章

如何分析孩子天生的做事风格

1999年，我们全家去旅行。抵达目的地那天，大约后半夜1点的时候我们才找到一家小旅馆。全家5个人住在一个房间，因为太劳累了，我们倒头就睡。

早上6点，7岁的杰克摇着我的肩膀说："爸爸，我睡醒了。"

我半睡半醒地说："好，我知道了，杰克。"

他问："我可以看电视吗？"

我说："不行。我们都还在睡。你也再睡会儿，好吗？"说完，我就翻身睡着了。

1小时后，杰克又来摇我肩膀，兴奋地宣布："爸爸，看我做的。”我明白他说这类话常常代表发生了很糟糕的事情，于是我坐起身四处看了看。我揉了揉眼睛，发现门把手那里系着一条粗粗的绳子，绳子穿过整个房间，一直连到窗户的把手上。我仔细一看，发现这条绳子是用我们的衣服一件一件系起来的。杰克得意地说：“我用衣服做的晒衣绳！”

杰克患有 ADD，但他总是有类似这种创意十足的点子。有时候他的创意很有价值，有时候却没用，但总是很有趣——直到现在仍然如此。当年在旅馆里我并不明白杰克表现出了绝佳的意动功能（conation），因为当时我完全不知道这是什么。而当我了解之后，我觉得这是我过去最棒的、最令人兴奋的大发现。

这是一个非常重要的新观念

我是从凯茜·科尔比（Kathy Kolbe）那里学到意动功能这个概念的。科尔比是旺德利克（E.F. Wonderlic）的女儿，旺德利克研发了许多心理能力评估测验，并广泛用于商界。在科尔比成长过程中，她的身边充满了各种量化的心智评估工具，评估似乎刻进了她的 DNA，这促使她后来发展出了自己的评估理论。

科尔比的工作核心就是找出个人天生的意动功能。意动功能决定你如何解决问题或做决定。意动功能是天生的，无法轻易改变。意动功能无关智商，也没有好坏、高低或强弱之分，就像头发的颜色或惯用右手或左手一样。意动功能和你的情绪风格也无关，它们在心智世界里有自己的专属区域，并形成科尔比所说的天生的工作模式（Modus Operandi，MO）或意动风格，即你和世界互动、解决问题及采取行动的方式。即使是幼儿，你也可以看到他们天生的做事风格。这就是为什么有的幼儿看到时钟会拿起来仔细研究，有的幼儿拿起时钟就乱丢，有的幼儿根本没注意到时钟，而有的幼儿看到时钟就会笑。你的意动风格决定了你的行为，而不是别人要求你怎么做或你觉得应该怎么做。**如果能够用自己天生的意动风格做事，那么我们就可能取得成功；如果不能按照自己天生的意动风格行事，那么我们可能会觉得很受挫，自然也不会获得成功。**

想了解一个人的意动风格，就给他一堆废品，请他变废为宝。只要没人阻拦他，他的下一步动作就会显示出他的意动功能、心智风格和工作模式。比如，有的人可能完全不看这堆废物，先问一大堆问题，如果没有得到答案，他可能很不高兴，甚至生气；有的人可能不等你说完就马上开始在废品堆里翻找自己需要的，把东西拼凑在一起，如果你要他等到你说完之后再开始动手，他可能完全不会听；有的人可能会听完要求，然后小心地把东西摊开，分类摆好——金属放这里、衣服放那里、破的东西放一堆、有机的东西放一堆；有的人可能会盯着这堆废品看很长时间，然后才动手，他会支着下巴、歪着头看很久。你可能会猜他是不是在思考。放心，他确实是在思考。

对这些人而言，这些工作模式都是“正确”的。解决问题的方法不止一种，这些不同的方法都有道理。你会决定用哪一种方法，并不取决于你的智商、你的父母怎么教育你，以及你的情绪模式如何，而是取决于一种被心理学界长期忽视的能力：你的意动功能。

你可以想象大脑的功能有三部分：第一部分是情绪或情感；第二部分是思考或认知；第三部分是我们一直忽略的，“意动功能”，即头脑的行动指令。意动功能可以让杰克决定在早上 6 点到 7 点之间把衣服系成绳子串在旅馆房间里，而不是选择做其他事情。

情绪是我们启动引擎的开关，情绪产生社交风格、野心和动机。情绪启动意动功能，并让我们开始采取行动。看着一堆废品，你可能觉得焦虑、困惑、兴奋，甚至因为这个愚蠢的任务而感到愤怒。意动功能决定了你如何采取行动或对你的情绪能量做何反应。它会很自然地选择让你表现最佳的策略，不需要事前的指示或训练，并引导出你自己的某种行为模式和意义。

4 种意动功能

科尔比用她研发的科尔比成人量表（Kolbe Adult Index）和科尔比儿童量表（Kolbe Youth Index）[①] 测验过 50 多万人，发现了 4 种主要的意动功能，或称为做事风格（action modes）。她的量表会让你对这 4 种做

① 可登录 www.kolbe.com，获取科尔比量表。

事风格进行 1 ～ 10 的评分。1 不代表你比较差，10 不代表你比较棒。就像浅绿色并不比深绿色更好一样，分数只是表示某种做事风格的强弱程度而已。

科尔比量表的分数和我们平常熟悉的分数不一样。后者的高低，意味着我们会得到一个“好”的或“坏”的分数，科尔比量表的分数没有所谓的好或坏。这些数字只是描述你的意动特征，并不是你取得的成绩，不会给你定等级。

每种意动功能都代表科尔比发现的某种人类本能。如果你某一项的分数是 1、2 或 3，表示你抗拒（resistant）这种风格；如果你的分数是 4、5 或 6，表示你可以接受 (accommodating) 这种风格，也就是说，你会看情形决定是否采取这种做事风格；如果你的分数是 7、8、9 或 10，表示你坚持 (insistent) 这种风格，也就是说，你会坚持执行这种做事风格。

科尔比将这 4 种意动功能称为搜索力（fact finder）、**持续力**（follow thru）、**启动力**（quick start）**和执行力** (implementor)。一旦了解科尔比的理论，你就会很惊讶地发现：用她的理论解释人们的行为差异是多么贴切。更重要的是，她的理论能够帮助摆脱社会对有精神疾患的人的污名化观念。了解意动功能的概念以及孩子属于哪种风格之后，对于了解孩子如何学习、在学校表现如何，以及如何发挥潜力，都会有实际的帮助。请你耐心地继续读下去，这个理论值得你花点时间了解。

好了，我们开始吧。在搜索力、持续力、启动力和执行力 4 种意动功能上，你可以抗拒、接受或坚持。因此，共有如下 12 种做事风格：

1. 搜索力，抗拒。
2. 搜索力，可以接受。
3. 搜索力，坚持。
4. 持续力，抗拒。
5. 持续力，可以接受。
6. 持续力，坚持。
7. 启动力，抗拒。
8. 启动力，可以接受。
9. 启动力，坚持。
10. 执行力，抗拒。
11. 执行力，可以接受。
12. 执行力，坚持。

请记住，“抗拒”的能力和“接受”或“坚持”的能力并无高下之分。

我们太习惯被比较了，从入学开始，一路上不停地被比较。即使没有被比较，我们也会下意识地感到自己被比较。所以我再次声明：无论得分是多少，你的意动功能都是最适合你做事的风格。任何得分都是好分数。就像鞋子一样，只有适合自己的才是最好的。

如果某种做事风格的得分较低，并不表示你在这方面的能力比较差，而是表示你不太喜欢那种做事的风格。没有哪种做事风格比其他的更好、更强或更有效，只要是自己喜欢的就可以。

搜索力

坚持搜索力的人（7 ～ 10 分）喜欢精确，喜欢先搜集很多信息再做计划，这类人会先问一堆问题再开始动手。他的优势就是搜集信息，如果无法得到足够的信息，他会感到受挫，表现就会很差。

相反，抗拒搜索力的人（1 ～ 3 分）倾向简化信息，也有能力简化。搜集信息可能让他觉得很不耐烦，他会直接采取行动。如果他被迫听太多指示，或必须提供太多信息的话，他会觉得受挫，表现就会很糟。

可以接受搜索力的人（4 ～ 6 分）可以采取任何一条路线，视信息和压力情况而定。有这种做事风格的人可以进行精确的解释，可以帮助抗拒和坚持搜索力的人一起合作。

持续力

坚持持续力的人（7 ～ 10 分）天生喜欢安排，喜欢让事情都按时发生、并确定事情都照着计划执行，所有的系统互相协调配合。

抗拒持续力的人（1 ～ 3 分）天生喜欢同时进行很多件事情，也很容易适应变化。这类人可以很快转换情境、转换方向、平衡非常忙碌的日程而不遗漏任何事情；他可以同时照顾到很多人的需求而不会出错；他不需要等到一件工作完成了才开始另一件工作。而坚持持续力的人则相反，他必须一次完成一件事情。

可以接受持续力的人（4～6分）擅长维持秩序。他可以帮助抗拒和坚持持续力的人一起合作，不至于彼此发生冲突。

有趣的是，老师通常是坚持持续力的人，而分心者通常是抗拒持续力的人。如果他们不了解科尔比的理论，就会认为对方的方式是错误的、是不好的。坚持持续力的老师会认为抗拒持续力的学生没有规矩、冲动、不负责任、缺乏动机、太容易分心，以及对外界刺激比对学习还有兴趣等。而抗拒持续力的学生会觉得坚持持续力的老师死板、心眼小、不怀好意、无聊、迂腐、缺乏启发性、愚蠢、呆板，以及喜欢重复等。老师和学生都错了，但是他们会一直误解对方，以致互相敌对。科尔比的理论可以调和这一切。

在解释另外两种做事风格之前，让我们暂停一下，先看看这个理论多么有革命性。一直以来，儿童总是被教导用正确的方式解决问题。通常情况下，大家心目中的正确方法只有一种，如果孩子不照这种方法做，或是无法照着这种方法做，即使没受到处罚，也会被认为有问题或需要帮助。

但是在科尔比的理论中，没有“缺陷”这个概念，每个人都可以用创意解决问题。关键在于发现并运用自己天生的做事风格。科尔比采取的就是优势取向的方法。

启动力

启动力得分高的人（7 ～ 10 分）倾向发明、即兴、冒险、创新，避免标准化和传统的做法。在科尔比的理论中，分心者的启动力分数通常很高，他们是坚持启动力的这类人。

与此相反，抗拒启动力的人（1 ～ 3 分）可能变得很愤怒，或是不以为然，因为他没有得到足够的指示、引导或解释就要做这件事情。老师通常是抗拒启动力的这类人，因为老师的优势是维持稳定。

可以接受启动力的人（4 ～ 6 分）就像其他“可以接受”类型的人一样，能够在冲突中带来和平。坚持启动力的人可能在叫嚷：“这些说明好无聊，让我们开始吧！”抗拒启动力的人可能会说：“慢一点儿，行动之前请三思！”可以接受启动力的人可能会说：“如果我们都等一下，让每个人都觉得自在一些，就可以一起开始了。所以，大家少安毋躁，合作第一。”可以接受启动力的人的优势就是调停。

执行力

执行力得分高的人（7 ～ 10 分）善于动手，他们天生就喜欢创造。我的儿子杰克的执行力得分就很高。在科尔比量表中，他的执行力得了 7 分。这就是为什么当他看到满地的衣服时，就会把衣服都系在一起做成晒衣绳。

如果是个坚持持续力的人，可能会把地上的衣服都捡起来收拾好（父母最喜欢这种小孩儿了）。像杰克这种坚持执行力的人喜欢不断地制造意外，而抗拒执行力的人（1～3分）则是善于想象解决问题的方法，但是不太会付出实际行动。我就是抗拒执行力的人，我不太会修理东西。我在家换淋浴器时，曾因太用力，不小心把水管拧断了，之后只好找杰克帮我修好。可以接受执行力的人（4～6分）则两种方式都能用，既能看到淋浴器需要换了，就自己去换，也可以请技术更好的人换。

了解你的意动功能可以大大改善你的人生。它可以引导你决定从事哪一种行业，也可以帮助你解决人际问题。在职场、学校及亲密关系中，很多冲突都来自不同的意动功能或不同的做事风格。

以学校为例，许多分心孩子在学校都很痛苦。2006年，亚利桑那州立大学以500多位教师和学生为研究对象，采用科尔比量表对他们进行意动功能评估。这项研究的结果非常具有启发性和实用性。

教师的意动功能典型地具有高搜索力（66%）和持续力（62%）。而分心学生则相反：2/3的学生都对搜索力和持续力具有抗拒性，他们的意动功能倾向于坚持启动力和执行力。

这个研究结果意义非凡。如果你了解科尔比理论，其意义就不言自明了。数据显示分心学生和老师之间的意动风格严重不匹配。坚持搜索力和持续力的老师期待学生能有组织性、课前能进行复习、能注意细节，而坚持启动力和执行力的分心学生往往需要通过实验、冒险或用实际行动解决问题。这就是为什么许多分心孩子在学校会惹上麻烦。

如果老师和学生都能理解不同意动功能的冲突，并能就事论事，只是内在的做事风格不同而已，那么就能避免师生间的许多冲突或惩戒了。

大部分老师大概不会马上接受科尔比的理论，也不会马上运用该理论评估和了解自己以及学生的意动功能。他们大概也不会马上明白：大多数的分心孩子是属于坚持启动力和执行力的人，他们天生就和大多数老师不能有效地沟通，因为老师大多都属于抗拒启动力和执行力的人。老师大概不会因此立即采取新的教学方法，父母、医生或任何其他人大概都不会。

然而，正在读这本书的你或许想了解孩子天生的做事风格，同时也想让孩子了解这一点。**与其痴痴地等着学校发生改变，不如你和孩子想办法适应或改变老师，不要期望老师学会管理你的孩子。**不管公平与否，这就是现实。不管你喜欢与否，与不能管理自己学习的孩子相比，那些学会管理自己学习的孩子，会得到更好的教育。

每个学期开始，我都会花点时间跟儿子的老师解释他的状况以及探讨可以帮助他的策略。老师知道要让他坐在靠近老师的位子，用正向强化的方式给他布置特别的学习任务，让他帮忙而不要期待他一直乖乖地坐在座位上。他负责管理班级的图书角，老师还让他写一本书并指导他出版。这让他觉得自己很

重要，他已经能够融入班级这个集体了。

——安杰拉，一个分心孩子的母亲

首先，我会建议你上网付费做一次科尔比成人量表，了解自己的意动功能。其次，让孩子做科尔比儿童量表，了解他的意动功能。一旦你们都了解了这些内在动能如何运作，就可以开始开发一些策略了。

你也可以跟孩子的老师介绍科尔比量表及理论。如果老师能够接受，你和老师就发现“金矿”了，因为老师和学生的生活将焕然一新。老师也可以做科尔比量表了解自己。

我自己的科尔比量表结果是：5—3—9—2。

- 搜索力：5（可以接受）。
- 持续力：3（抗拒）。
- 启动力：9（坚持）。
- 执行力：2（抗拒）。

我的执行力得分只有 2 分，这说明我天生就笨手笨脚。我的想象力很丰富，却不太会执行。我的启动力得分高达 9 分，这说明我启动力非常强，分心者都是这样。我持续力很弱，当然不可能等待、听话、服从指示或遵守规定，这样我会不耐烦。这并不表示我是差生，分心孩子在学校经常被视为差生，但这确实提醒我最好有些策略，免得惹上麻烦。

如果我不多加思考，发脾气会是我最任性的“策略”了。现在我学会使用一边等待一边敲手指头、动动舌头、想象美食或回忆球赛等方法。这些消磨时间的小技巧让我不再那么受挫了。如果必须等得更久，我会玩一个简单的猜字游戏。我只需要一张纸和一支笔。我先随意写 5 个字母，再写另外 5 个字母，这样，我就有 5 对姓名的缩写字母了。游戏的目的是我要为每对缩写的字母想出一个名人的名字。这个游戏陪我度过了很多漫长的等待和无聊的演讲。

我的搜索力有 5 分，这表示我可以接受。不管是什么计划，当我的启动力让我立刻跳起身时，我的搜索力会提供缓冲。比如，在写这本书时，我应该先做研究再开始写，但有些荒唐的是我的本能表现是先写后研究。我的搜索力会保护我，不让我那样做。我的搜索力会检查、叫我踩刹车，于是我乖乖地开始做研究。当然，我的意动功能让研究工作变成一场探险，于是就有了趣味……

我到外地旅行并结识了新朋友，我寻找各种治疗分心的新方法和搜集新信息。我涌现了新想法，并因为写这本书认识了从前不认识的专家，比如关于意动功能理论的提出者科尔比，我向她提出了直接而有挑战性的问题。我尽量让寻找信息的过程更有趣，并运用持续力避免单调无聊。

我大力推荐父母在孩子身上运用意动功能这个策略，尤其是在上学这件事上。了解孩子的意动功能如何之后，父母还要帮助孩子适应老师的意动功能。我敢打赌老师具有很强的搜索力和持续力，教育系统中的老师就是这种风格。比如，你的孩子像大多数分心孩子一样，想要用新方式做作业。你应该鼓励孩子举手，等老师叫他发言的时候说："我认真想过这个问题了，我已经计划好了。"不管孩子接下来说什么，老师大概都会赞成，因为搜索力和持续力强的人认为研究和计划无比重要。

如果孩子能够适应老师的意动功能，在班上的表现就会比较好。你可能希望老师学着适应孩子的意动功能，但光是希望无济于事，你和孩子需要采取有效的策略，才不至于让学校成为孩子受苦和受挫的地方。

假设孩子的科尔比量表结果是：5—5—2—8。搜索力 5 分、持续力 5 分、启动力 2 分、执行力 8 分，这表示孩子的启动力弱、执行力强。他需要更加有稳定性、有计划性和有组织性。

启动力弱表示孩子遇到新事物会不舒服，他可能受不了，所以你需要教他如何寻求帮助和指导。大部分老师非常喜欢提供指导、系统的安排和计划，他们会很高兴学生提出这些要求。这会让老师有机会做自己擅长的事情，对老师和孩子都有好处，但是你必须教孩子主动提出来，你可以在家里和孩子利用角色扮演来练习。执行力强证明孩子是个坚持执行的人。他需要尽量用实际经验学习，他可能不擅长用文字学习。他需要你帮助他练习基本的沟通技巧，比如眼睛看着对方、倾听、回话、不要嘟囔。他擅长动手，不擅长动口。不要期待他叽叽喳喳，不要问一堆问题，或是要求他用一长串的话跟你说他今天过得如何，他不会主动跟你说这些。如果你误以为他做得到，于是一直问他，那么你们两个人都会很痛苦。如果你（或他人）一直让他觉得他天生的做事风格不好，他会更退缩、失去信心，甚至产生人生无意义感。

高执行力孩子的天赋体现在美术这样需要动手的创造性活动上或任何可以动手的活动上。鼓励他多做这方面的事情，并鼓励他让老师知道他的长处。越能够跟老师解释自己行为的孩子，取得的进步就越大。大多数老师都认为努力可以克服一切，如果你的孩子让老师觉得他在偷懒，哪怕只是一点点，孩子也要倒霉了。你可以教孩子如何向老师解释自己需要尽量动手实践的原因。大部分老师知道如何让孩子动手学习的教学方法，孩子可以给老师一个机会打开抽屉，拿出教具来用一用。

让我们看另一个例子。假设孩子的科尔比量表分数是：6—8—1—5。搜索力 6 分、持续力 8 分、启动力 1 分、执行力 5 分。我曾遇见一个 14 岁的男孩，名叫瑞安，他的科尔比分数就是这样的。瑞安的临床诊断是患有强迫症、焦虑症和 ADD。

瑞安的持续力很强，擅长进行有组织的活动和做计划，而启动力不足表示瑞安讨厌突然的改变或惊喜。如果把这两种特质视为优势，而不是把它们视为缺点或疾病，那么结果可能会很好。他可以做计划，以此应对不确定性和变化；他可以学习简单的概率，把确定和不确定的事情、可以预期和无法预期的事情、已发生和可能发生的事情都做成维恩图（venn diagrams，即互相重叠的圈圈）；他可以计划如何面对无法预期的事情，并发掘可能发生的事情；他可以运用自己很强的持续力来创造计划和他渴望的稳定。只要拥有计划，瑞安就会觉得自己不那么脆弱，能够掌控任何情况，于是焦虑感会立刻降低。这些做法不但能对瑞安的情绪及学业有帮助，也对他以后的人生大有裨益。

不论孩子的科尔比量表结果如何，你都可以和孩子一起拟定策略和方法，让他的学习更加有效。如果搜索力弱，他可以通过列提纲的方式写下他在课上看到的重点，别担心他不能详细地做笔记，反正他也不会看这些笔记。如果持续力强，鼓励他做计划以便完成任务并为无法预期的事情做准备。如果执行力弱、启动力强，教他在化学实验课上记得求助，同时也鼓励他提供力所能及的帮助，比如提出新点子或积极应对突如其来的意外。

寻求帮助并帮助别人是极为重要的生存能力，如果在学校能够这样做就更好了。孩子的目标并不是完全不依赖别人，没有人能够完全不依赖别人而独立地生活。他们的目标是能彼此有效地依赖和被依赖，有需要的时候知道如何求助，同时也能伸出援助之手。总之，这就是生活，我们在学校是可以学到的。

科尔比测试是个很有创意的理论，可以让孩子了解自己的优势，也让他学会如何运用这些优势。当你和孩子了解自己的意动功能之后，就能够思考出一套方法，让孩子在学校及其他地方有效地向他人求助。

分心孩子的教养法则

- 意动功能决定你如何解决问题或做决定。意动功能是天生的，无法轻易改变。意动功能无关智商，也没有好坏之分。
- 如果能够用自己天生的意动风格做事，那么我们就可能取得成功；如果不能按照自己天生的意动风格行事，那么我们可能会觉得很受挫，自然也不会获得成功。
- 4 种意动功能分别为：搜索力、持续力、启动力和执行力。
- 与其痴痴地等着学校改变，不如你和孩子想办法适应或改变老师，不要期望老师学会管理你的孩子。

第10章

让孩子成为管理自己的大师

一位母亲跟科尔比说："我好绝望。我儿子安迪9岁了，原本是很优秀、很快乐的孩子，可现在他在学校越来越受挫，自尊心越来越弱，他甚至很讨厌自己。我真的很担心，因为他很努力，却没什么进步。请你帮帮他！"

科尔比常常听到这样的故事。安迪很有语言天分，但是常常到处走动。在学校里，安迪除了静静地坐在座位上听课或写字之外，自言自语或做其他怪事，都不被老师认可。科尔比猜测安迪的意动功能模式和成千上万的分心孩子一样，这些孩子的意动功能和典型的三年级到八年级课堂要求的行为背道而驰。

科尔比问这位母亲："安迪擅长什么呢？"

她说："我都要想不起来了。因为安迪的老师给我们列出了一长串他做不好的事情。安迪非常愤怒、非常压抑，现在根本不肯尝试做任何事情。"

科尔比问："想一想，安迪小时候做什么事情时会让你很高兴？"

"安迪傻乎乎的，跟他说话很有意思。他很会说话，对任何事情都很好奇。一旦玩起来，他的想法很多，他特别喜欢做一些小物件，只是做了之后再拆掉。"

"听起来安迪是个很棒的孩子，他天生的做事风格和大部分老师以及美国大部分学校使用的教学方法不相符。如果我猜对了，或许我可以帮助他做些改变，会很快有所改变的，这会让他的生活更轻松，而且更有趣。"

科尔比建议安迪先做科尔比儿童量表。安迪在网上做了量表，觉得很好玩。之后，他和父母一起阅读相关资料，一起听科尔比的录音带。安迪的父母非常讶异地发现，科尔比量表精准地抓住了安迪的特质，给了他很多正向的建议，让安迪了解到如何运用自己天生的特质。安迪的母亲告诉科尔比："我无法相信！学校跟我们说了一大堆安迪的缺点，而科尔比量表却认为这些都是他的优点。这好像为安迪打开了一扇窗。虽然我们看到了希望，可是他长期以来一直认为自己很糟糕，现在没办法相信自己是很出色的。"

科尔比说："我会再给他一些建议，我称之为'意动功能技巧'（Conables Tricks），可以帮助他用很简单的方式进行自我管理。"

安迪的测试情况如下：

- 搜索力 3 分，可以帮助他简化事情。
- 持续力 2 分，表示他适应力很好。
- 启动力 8 分，他擅长即兴说故事。
- 执行力 7 分，他需要来回走动以及动手实践。

量表结果也解释了安迪较低的搜索力使他做事粗枝大叶，不喜欢花很多时间搜集信息然后再开始动手。安迪的持续力很弱，不喜欢一直重复的作业，常把老师布置的作业弄丢。安迪的启动力很强，所以有常常插嘴的习惯。安迪的执行力也很强，因此容易坐不住。

安迪的父亲说："我明白了。安迪天生的做事风格让他在学校得不到夸赞，甚至还可能引起师生冲突。我想，我们家长也是造成这些问题的一个因素，我们也让他坐好、保持安静。所以你是说，他做功课的时候需要四处走动？"

"是的。你没看过吗？在职场上有很多人喜欢一边接电话一边走来走去；有的人喜欢站着画图而不是坐着画图；有的人只有和别人一起进行头脑风暴时才有好点子，他们常常打断彼此，并且使用模型来让点子更好理解。安迪将来可能就是这样闯出一番事业的。”

科尔比很了解商界，她曾创建的一家公司屡获殊荣，她也曾经是世界500强企业的总裁顾问，在重要的商业会议上演讲，并设计了享誉全球的管理软件。她从体育明星、科学家、艺术家及教育家等各行各业的精英口中听到无数的故事。许多人描述的课堂行为和安迪的表现一样，而现在这些行为被认为是ADD的症状。

科尔比说：“这些人的特质一直没有变，变的是环境。安迪的意动功能会让他在产品研发、销售、物理和地理等科学领域，专业的体育领域及室外活动中表现出色，他适合任何需要坚持创新和充满不确定性的行业。”

当安迪听到科尔比的这些话时，他信心大增。“你是说，即使我在学校表现不好，我也可以做这些工作而且能做得很好？”

“是的。当然可以。”科尔比不是随便说说。经过了几十年的长期研究，她知道哪一种意动风格的人适合从事哪一种工作。

科尔比跟安迪保证：“从事这些行业中的很多人跟我说的故事都跟你一样。他们都使用我教你的那些方法，这些方法让他们在需要的时候能控制自己，可以积攒能量，而不是惹出麻烦。”

安迪的母亲说：“所以我们需要一直告诉安迪，他的意动功能很棒吗？”

科尔比提醒他们：“不是一直说‘好棒！好棒’。他确实面临着很大的挑战，因为他天生就不能做出大部分学校要求的那种行为。我们发现大部分小学老师的意动风格和安迪的意动风格几乎是相反的。大部分老师持续力强，需要按部就班地开展活动，这样的环境并不适合安迪。”

科尔比继续说：“我跟像安迪一样的孩子说，科尔比测验的结果显示他们完全有能力解决自己的问题，做出明智的决定，但是他们必须负起责任，控制自己的能力，并好好运用。”

科尔比解释说安迪需要重新发掘小时候有所成就的那种喜悦感。他也需要为自己负责，学会管理自己的优势，用合适的方式提出自己的要求。

科尔比告诉安迪：“你会发现你完全能够按照自己的方式解决问题，同时不会打扰别人。我观察了许多像你一样的运动明星和其他成功人士，他们就是这样做的。”

科尔比针对安迪的兴趣、年龄和能力为他量身定做了一套意动技巧。当知道他讨厌写字、梦想成为摇滚歌手、喜欢学习科技知识后，科尔比提出了一些建议。

她说：“你得习惯写字，摇滚歌手需要帮很多人签名啊！用你学到的科技知识学习印制自己的相片，并在上面练习写给粉丝的话。”科尔比建议他制作一份宣传册，写下他将来取得的成就和荣誉。这些活动激发了安迪的启动力和执行力。他们一起进行头脑风暴，讨论如何利用网络上的免费软件设计宣传文案，或是利用现成的宣传文案，把文字剪贴上去。这个活动的目的是让安迪找出实现目标的最佳途径。持续力比安迪强的孩子可能会很兴奋地要将这份宣传文案放在自己的剪贴簿里（按照顺序排列好），但是安迪很聪明地决定只要将宣传文案贴在冰箱门上就好了。

这样，安迪就不会跳进一个他可能无法完成的宏大计划里。他和科尔比谈到他若是想做那么复杂的计划，可能根本无法完成，最好想都不要想，他们一起大笑起来。

科尔比补充道：“安迪，记得要一边看电视或听音乐，一边做这件事，这样才不会太无聊。”

“真的吗？你真的觉得我应该那样？”又是一阵大笑。

“你为什么不跟父母商量一下，一边听音乐一边做功课，看看会不会做得更快、更好？如果可能的话，说不定可以试试一边看电视一边做功课呢。我自己觉得这样做可以让做功课没那么痛苦。我有阅读障碍、图形认知困难和ADD，但在大学里还是主修了新闻专业。”

“我们都能找到建设性的方法做我们想做的事情。我敢打赌，你若在户外，甚至是坐在树上，可能会学得更好。不过一定要注意学习用的纸张别被风刮走，这样你才能更专心。”

“啊！你真的认为我爸妈会让我这样做吗？”

“要很有礼貌地问他们。一定要让他们相信，你会找出方法让自己及时完成必须做的作业，而且一定要取得更好的成绩证明自己。”

过了几个星期，安迪的母亲写了一封信给科尔比：

“安迪一直在寻找做功课的方法，全家都觉得这很有趣。似乎仅仅让自己身体比较舒服就可以减轻他对写功课的焦虑了。我们以前无法想象可以来回走动对他有多重要，怪不得他觉得学校像监狱。现在我们了解他的意动风格了，我们自己也做了科尔比成人量表，每次想要告诉他怎么做的时候，我们就会忍住。我们听从你的建议，把注意力放在最终目标上，并且让他自己找出解决方法。现在我们对每个孩子都这样。我们的家庭生活有了很大改善！”

意动技巧也帮助安迪学会如何面对老师。科尔比总是建议孩子搞清楚老师的意动风格。安迪能否了解老师拥有和自己相似或不同的意动风格呢？他要如何有礼貌地请求老师允许自己用不同的方式做事情呢？为了避免打扰到老师和同学，他要如何改变自己做事的方法呢？

科尔比发现孩子们喜欢自己想办法让生活更轻松、让成绩更好。她告诉孩子们，他们应该自己去寻找回答问题或做功课的正确方法，这样才会有成就感。

科尔比也认为老师不用改变自己的教学方法来配合学生的意动风格。

科尔比说："我跟老师保证，我的理论不会增加他们的工作。"老师一直不知道科尔比是怎样让安迪改变的。而对安迪而言，他按照科尔比的方法想象着老师是他的乐团领队，他要依赖领队的带领和指导，还要配合其他学生。科尔比鼓励安迪把他的同学想象成乐团伴奏成员。

运用科尔比技巧一年后，安迪就像其他运用科尔比技巧的孩子一样，成为管理自己优势的大师。安迪对自己的意动功能以及他和别人的行为模式差异的觉察让他擅长与人合作。他能注意到自己的行为给别人带来的影响。当他的能力不足以处理某个问题时，他更懂得向合适的人求助。

几年后，他说："如果我找女朋友，我要找一个会写清单的女孩，她会记下我们要做什么以及什么时候做。无法坚持的持续力，使我适合同时做很多工作，但是我需要她做记录。"安迪已经将学到的知识运用在人生的重要领域了。

不是每个年轻人都有幸参加科尔比的小团体或接受一对一辅导的，因此，科尔比在她非营利性的意动功能中心（Center for Conative Abilities）创立了一个项目，并通过学校和社区等机构传播开来。她将这个独特的项目称为"前行计划"（Project: Go Ahead）。这个计划包括类似安迪接受辅导的过程，可以给所有孩子（尤其是被诊断为 ADD 的孩子）提供一个发掘他们意动功能的机会，并教导他们学会自我管理这种与生俱来的优势，从而在学业或其他领域取得成功。

科尔比说："我们根据学校或机构是否愿意倾听孩子诉说他们的需求，决定是否批准学校或机构使用我们的计划。我们必须看到成年人和孩子之间相互尊重，就像职场上，上司和员工之间也要在各方面相互尊重一样。"

科尔比到某个经济地位和民族分布都很多元的学校里去执行"前行计划"。她告诉一群科尔比量表分数相似的学生说："科尔比量表的结果显示你们都完全有能力解决问题，而且都运用相似的方式解决问题。"

一个自尊心较低、来自贫穷家庭的少数民族女孩，看看坐在旁边的优等班男孩。

她说："哇，我真不敢相信，我的能力和你的能力一样强。太好了！"

老师完全不需要做任何事，这个女孩就开始不断地运用自己的意动功能自己解决问题了。

校长说："没人相信这个孩子会变成优等生。但只要孩子相信自己的意动功能，就会发现自己可以做得更好。这真是太不可思议了。"

分心孩子的教养法则

- 孩子们喜欢自己想办法让生活更轻松、让成绩更好。
- 了解自己的意动功能以及自己和别人行为模式的差异后，分心孩子会对自己的行为给别人带来的影响更敏感。当他的能力不足以处理某个问题时，他更懂得向合适的人求助。

第11章

分心孩子的父母应如何与老师建立有益的关系

前一章讨论科尔比的意动功能理论时提过，如果你能够让老师和你站在同一阵线，那么问题就会很容易解决。大部分工作必须靠你和孩子一起完成，如果你态度好，又能清楚地表达自己的想法，那么很多老师应该愿意和你一起学习。

当孩子被诊断出患有 ADD 时，父母要不要跟学校说、要说些什么？我们的建议是保持开放、诚实的心态，但前提是要先和老师建立彼此信任的关系。互相信任、互相尊重常常会带来好结果。

分心孩子的父母和老师常常陷入斗争，很快，学校的行政部门也会介入。最终，没有人会赢，而孩子会损失惨重。所以，即使你认为自己是正确的，而学校是错的，也不要和学校对立。

分心孩子的父母与老师建立良好关系的第一课是，要先对老师伸出友谊之手。花点时间多认识老师，然后再和老师讨论孩子的问题和解决策略。闲聊是很重要的，也许一开始会很尴尬、很无聊，甚至很累，但一切都是值得的。聊天可以让接下来的讨论更顺畅，所以，聊聊天气、年轻人的流行服饰等任何你能想到的事情。深入了解老师的自身情况。比如，他是什么样的人，从事教师这个职业多久了，在哪里长大的，有孩子吗，对教育有什么想法，他认为当代孩子和家长面临的最大挑战是什么，等等。

如果家长听得进去的话，老师会想跟家长说些什么呢？老师是专家，将老师视为专家会带来意想不到的帮助。

询问老师是否需要生活中的其他帮助。给老师提供自己的专业意见，比如经济、健康或其他方面。**很多父母都不知道可以先主动为老师提供帮助，然后再跟老师提出特殊要求。**

当然，你并不一定非要这样做。父母为孩子交的学费应该足以提供孩子需要的任何特殊待遇，但是想一想，在生活中，如果别人愿意为你服务，你是不是也会更愿意加一把劲儿为他们服务呢？这就是人性。如果父母一开始就很强势地提出各种要求，可能会如愿以偿，但是学校或老师可能不会那么热心、高效率地帮你。然而，如果老师一开始就表示很愿意帮助孩子，结果也许会不一样。

和学校建立良好的关系，主要是和孩子的老师，这将是你送给孩子的珍贵礼物。多年来，我见过很多个案，父母没能花时间和老师建立良好的关系，以致孩子在学校遭到白眼。我也见过很多个案，因为父母肯花时间和老师建立良好的关系，所以孩子在学校中度过了很快乐的时光。

这就是现实。如果父母花时间和老师建立良好的关系，孩子在学校的表现会更好，也会更喜欢上学。

我得到的另一个教训就是“特殊教育”常常中看不中用，能免则免。学校提供的特殊教育有时很好，有时也只是提供保姆服务而已。如果你觉得学校的特殊教育不好，又负担得起家教的费用，最好请家教。

分心孩子的父母与老师建立良好关系的第二课是，以尊重、包容的态度私下主动与老师达成教育分心孩子的共识。如果你与老师建立良好关系之后，老师表示愿意帮助孩子，你可以私下进一步与老师探讨如何帮助孩子，为孩子提供个人教育计划（Individual Education Plan，IEP）。

具体该如何进行呢？你可以和老师约时间见面（已经建立良好关系之后），询问老师你的孩子需要如何教育。跟老师解释你的孩子患有 ADD，请教老师对于养育分心孩子的建议，或许他以前也教过分心孩子。**一定要尊重老师，将老师视为专家，你会得到很棒的结果。真心倾听老师说的话，试着把你的意见先放一边，保持开放的态度。**如果你能这样做，老师往往也会这样对待你。接下来，说出你觉得孩子有什么需求，然后看看你和老师是否可以达成某种共识，并制订计划。在开始讨论你的孩子与其他孩子的学习及行为差异之前，先跟老师介绍孩子测量科尔比量表的结果，让老师看看这些测验的结果也许会很有帮助，具体数据最有说服力。

如果老师愿意阅读分心的相关资料，你可以建议他阅读本章接下来的内容，它们是专为老师写的。你也可以建议他看整本书，但是大部分人，包括老师，在工作之余没时间为别人读整本书，所以我特意写得简明扼要。

老师如何帮助分心孩子

给你看这一段文字的人可能已经跟你说过了，我治疗分心孩子已经有40年左右的经验。我自己也患有ADD，我希望我的经验能够帮助你教导分心孩子。

谈到分心或帮助分心孩子时，我提倡采用优势取向的模式。这本书就是关于了解和运用优势取向模式的，如果你没时间读整本书，我希望这部分内容会让你有足够的了解，并将之运用在教育分心学生身上。

优势取向模式不是将分心视为疾病，而是视为天生的特质和个性。我跟分心孩子描述分心时，都说他们的大脑是拥有普通刹车系统的法拉利跑车，但是他们的刹车系统不够强大，因此无法控制自己的大脑。

对分心有了基本的了解之后，相信你能理解分心孩子不是故意犯错的。分心孩子有专注力不足、缺乏组织能力、时间管理能力差，以及易冲动等问题，这不是因为他们不够努力，而是他们大脑的生理结构造成的。

ADD有家族遗传性，会受到基因的高度影响。

同样的基因让分心孩子也拥有某些优秀的特质，比如创造力、活力、直觉、敏感性、包容心、魅力、想象力、好奇心，以及对感兴趣的事物能够坚持到底、能够跳出框架去思考的能力。

重要的是，老师不能让这些孩子自认为是残障者。老师必须让他们在课堂中没有恐惧感，让所有孩子有足够的安全感，尤其是犯错的孩子。

作为老师，你有机会改变孩子的一生。我小学一年级的埃尔德雷奇老师就改变了我的一生。1955 年我开始上小学，很快就发现自己有阅读障碍。在那个年代，如果你不会阅读，得到的“诊断”就是你很笨，而“处方”就是要更努力。虽然埃尔德雷奇老师没有接受过正式的阅读教学的训练，但是她知道我需要的是什么。

阅读课上，我们都坐在桌前，轮流大声读课文。轮到我的时候，我不会读，结巴得很厉害。这时，埃尔德雷奇老师会走过来坐在我旁边，一只手揽着我的肩膀。虽然我读得结结巴巴，也读不好，但其他孩子不会取笑我，因为老师就坐在身边保护我。埃尔德雷奇老师不让同学取笑我，她的耐心让我能够专心阅读。

我的个人教育计划就是埃尔德雷奇老师的手臂，她的手臂改变了我的一生，赶走了我因犯错而产生的恐惧感和羞耻感。我是班上阅读速度最慢的，可是我不觉得丢脸，我也从来不怕尝试。

她的保护使我终身受益。我现在阅读的速度还是很慢，但是我以优异的成绩从哈佛大学英文系毕业，现在我的阅读、写作和表达能力都很出色。若不是埃尔德雷奇老师，这一切都不可能发生。这就是老师带给我的影响。

除了强调优势和消除恐惧、羞耻之外，你还可以在课堂上采取以下措施帮助分心孩子：

- 让分心孩子坐在教室前排（但不要和你坐在一起）。如果能让大家围坐一圈更好，这样，总是有人看得到他。有人看着的时候比较不容易分心。

- 如果可以的话，尽量以非言语沟通的形式鼓励和肯定分心孩子。只要一想到埃尔德雷奇老师的保护，我就感到很温暖。如果可以，拍拍分心孩子的肩膀，这不但可以鼓励他，也可以让他的注意力回到正在做的事情上；双眼直视他，你的注视可以让他回神。

- 叫分心孩子的名字。听到自己的名字被叫到，他很难不回神。

- 永远不要罚分心孩子不准下课。下课后动一动可以提高注意力。

- 早上带学生一起做伸展操。

- 让学生坐在体操球上而不是椅子上。体操球可以刺激骨骼肌，帮助改善大脑；同时还能锻炼小脑，提升专注力。

- 教学生如何保护大脑，比如注重营养均衡、经常运动、保证足够的睡眠，以及减少玩游戏或熬夜的时间。

- 以已经学会的知识为基础，衔接新的知识。分心孩子很容易受挫。如果他们觉得无法理解新的课程内容，就会感到很挫败。举个例子，开始教分数时，先告诉学生分数只是除法的另外一种表现方式而已，所以他们已经学会除法了。

- 将大任务分为几个小任务，这样比较容易掌握。比如，读后感可以被分解为 8 个步骤来写，实验报告可以用 12 个步骤呈现。如此一来，分心孩子不至于觉得受挫，对其他孩子也会有帮助。

- 注意并欣赏分心孩子成功的时刻。分心孩子往往一整天都得不到任何夸奖，得到的却是一堆责骂或处罚。想象一下，如果你整天像他们一样被对待会是什么感觉。

- 和家长保持联系，即使你不一定很喜欢他们。我给老师的建议和我给家长的建议一样：和对方交朋友。

- 不要让孩子或家长把分心当成借口。分心不是逃避责任的借口，而是让孩子更有效地负起责任的理由。

- 不要落入“道德诊断”的陷阱，不要因为孩子遇到的困难和出现的问题行为而责怪他们。洞察得更深入一点，分心是神经问题，不是学生的品德问题。

- 最重要的是，享受这些孩子的陪伴。对分心孩子和你自己而言，这是最重要的一点。

分心孩子的教养法则

- 父母要先和老师建立彼此信任的关系。互相信任、互相尊重常常会带来好结果。
- 很多父母都不知道可以先主动为老师提供帮助，然后再跟老师提出特殊要求。
- 和学校建立正向的关系，主要是和老师，这是你送给孩子的珍贵礼物。
- 这就是现实。如果父母花时间和老师建立良好的关系，那么孩子在学校的表现会更好，也会更喜欢上学。
- 一定要尊重老师，将老师视为专家。真心倾听老师说的话，试着把你的意见先放一边，保持开放的态度。

第12章

学校和老师应如何发掘孩子的优势

当我遇到玛乔丽·范弗利特（Marjorie VanVleet）时，我跟她说她是上天派来的天使。她很谦虚地否认，但她真的是天使，她拯救了很多被社会拒绝的孩子。

范弗利特办的学校很特别，专门收其他学校不肯收的学生，学校中大部分学生都患有 ADD 或其他学习障碍，并且学校没有特殊教育的经费。她负责所有的行政工作，教师队伍只有 4 个人，其中还包括她自己。学校里有 40 个 16 ～ 21 岁的学生，其中 60% 来自贫困家庭，许多学生还有暴力倾向或犯罪记录。

这就是范弗利特办的学校——科宁学习中心（Corning-Painted Post High School Learning Center）。在这里，我们亲眼看到，每个孩子都可以发挥潜能，不管他们是谁或来自何处。

这不是一所传统意义上的精英学校，他们只收想要学习却无法在主流学校学习的贫困家庭的孩子。除了教师的创造力和满腔热情之外，学校再没有什么宝贵的资源了。学校不分年级，所有学生在一个开放的环境中学习，迫于教育经费等因素的限制，范弗利特不得不这样办学。

这是教师的噩梦吗？不，这让范弗利特的美梦成真。

范弗利特爱她的学生和她的学校。创校多年来，科宁学习中心学生的出勤率极高，这足以看出学生们有多么热爱学校。大多数学生上午在外面都有工作，要到下午才能到学校上 3 小时课。虽然这不是传统的教学方法，但是取得了很好的结果。

学校的课程很有创造力。我刚认识范弗利特的时候，她并不熟悉科尔比理论和意动功能，但是学校允许学生运用自己天生的做事风格来学习。比如，老师可能在数学课带学生去攀岩，面对岩壁学习勾股定理。如果学生不喜欢读指定读物，也可以读其他书。范弗利特跟我说："世界上书那么多！我只希望学生多读书而已，不在乎他们读什么书，能读就好。"

学校用创新的教学方式教语文、历史、数学、科学和外语。比如，在科学课上老师教学生制作生物柴油、学习净化过滤方法，然后用来发动引擎。而在另一堂科学课上，大家一起制造了一艘真正能跑的水陆两用气垫船。

你可能误以为这是一所让学生随意毕业的学校，觉得另类教育并不能让学生为进入现实社会做好准备。你错了。科宁学习中心一年有 76%的学生通过纽约州标准测验（New York State Regens Exam），这个成绩比许多纽约高中的成绩都要好。你也可能会说班级学生那么少，学生的学习当然比较好，但实际上他们根本没有班级可言。学生们自主学习、互相讨论，和老师一对一谈话，也参加类似班级的团体讨论。除了这个小小的优势之外，他们面对的是一般人无法克服的劣势，比如教师人数少、教育经费少、没有特殊教育，而全校学生都需要特殊教育。

这里的大部分学生被诊断出患有 ADD 或学习障碍。大家可能怀疑，学校要如何解决学生的特殊教育的需求呢？科宁学习中心做的第一件事情就是“摘掉标签”。许多专家认为给学生贴标签会阻碍他们取得成功，但是在科宁学习中心奇迹发生了，他们的表现反而更好，因为范弗利特运用了优势取向的教学方法，摘掉了学生身上的负面标签。

范弗利特和教师们用来取代特殊教育的方法，就是我之前提到的优势循环 5 步骤和科尔比的意动功能理论，虽然他们并不熟悉这两套理论。

科尔比、范弗利特和我的共通点就是，相信所有学生都有某种才华，前提是老师必须创造一种学习环境，让每个人都可以用自己天生的做事风格学习和生活，这样他们的才华才可能被挖掘出来。

不是每个申请来科宁学习中心的学生都可以入学。他们不仅需要有曾被其他学校拒绝的经历，还需要写一篇文章解释他们为什么想进科宁。之后，入学委员会审核资格，委员会的成员包括申请者工作单位的领导、科宁学习中心的老师及一些在校的学生。

一旦被批准入学，学生会来到一个与之前完全不同的环境，不管学生的做事风格如何，学习都是必然的。

学校有 3 条规定。第 1 条规定：在学校或职场都不可以物质成瘾。范弗利特说，她无法控制学生在家里的行为，但是她鼓励学生尽量少喝酒，大部分学生都会遵守这个规定。

第 2 条规定：禁止暴力，不论是肢体还是语言。创校多年来，科宁学习中心没有发生过任何冲突，纽约州又有多少学校可以做得到呢？

第 3 条规定：不准抄袭。学生遵守这项规定，因为他们知道抄袭的问题在其他学校有多么严重。起初，范弗利特并没有这样规定，但是学生们提醒她抄袭可能导致的后果，因此，又加上了这条。

学校还有一些不成文的共识，而在这些共识中最重要的一个关键词就是彼此尊重，此外，还有责任、追求卓越、品德高尚、领导力和成长等关键词。每隔十个星期，学生针对个人成长、学习情况和社会服务做一次自我评估。评估报告上写着“我以前……我现在”，学生会把报告提交给委员会。比如，“两个星期前，我不会算三角形或圆形的面积，现在我克服了困难，都会做了”。

这些学生以自己的成就为傲，他们有资格骄傲。毕竟，入学时，他们是被社会放弃的孩子。他们知道自己可以有所成就，但是大部分成年人却认为他们是不可教的。在科宁学习中心，他们将有机会证明那些人错了。一个学生说："我很高兴有人发现我不是无可救药的孩子。"不仅如此，60%的学生还会继续升入大学，几乎所有科宁学习中心的毕业生不是在读大学就是正在就业。

学校取得的成绩并不仅仅是这些精彩的数据，学校还力争培养学生对自己的人生充满信心、希望和热情。这里的毕业生不但愿意努力让自己的人生更美好，而且愿意帮助别人，让别人的人生更美好。

创造改变

我现在想介绍另外两所学校。首先介绍密歇根州特拉弗斯城的利勒诺学校（Leelanau School）。这是一所住宿高中，接收来自全美国患有 ADD 或其他学习障碍的学生。

我去过利勒诺，亲眼看到学校如何帮助孩子发挥潜力。学校坐落在美丽的湖边，有一间教室看上去简直就像建在沙滩上。负责那间教室的语文老师很厉害（美国学校的学生随着课表换教室，每位老师有自己的固定教室），能够让书本和想法都散发魅力，任何人听他的课都会感兴趣。我去参观他的课堂时，简直不想听到下课铃声响，就连学生们也不想下课。

校长里奇·奥德尔（Rich Odell）是拓荒者，他找来的老师都喜欢教不按常理出牌的学生。这些老师很爱学生，因此教学效果也大为不同。通常，刚入学的学生毫无活力或死气沉沉，但是几个星期内，他们就会变得很有活力。因为长久以来，从来没有老师或同学对他们这么感兴趣。他们开始有了许多联结，开始对生命充满热情，他们的生活中充满了笑声。美国诗人、教育家朗费罗认为，年轻人的脑子里应该充满想象。尽管利勒诺学校的老师们并不知道科尔比理论，但是实践的正是科尔比理论和我之前提过的优势循环 5 步骤。这些方法帮助学生克服了困难。

我对利勒诺印象深刻，我们曾和奥德尔合作开办夏令营。我们为分心孩子及父母举办为期一个星期的夏令营。每天早上，利勒诺的老师为孩子们上 3 小时课。老师用妙趣横生的方式帮助学生理解分心是什么以及如何学习。学生跟老师学习，也跟同伴学习。最重要的是，他们了解到自己有很多优点，而不只是缺点，相信自己以后能够拥有很棒的人生。

短短一个星期，他们学到许多知识、技能，拥有满满的希望、信心和喜悦。一个女孩本来不想参加这个夏令营，但在夏令营的最后一天问妈妈："我们明年还来好不好？"

老师给孩子上课时，我和孩子的家长交谈。30 位家长齐聚一堂，每个人都至少有一个患 ADD 的孩子，而许多人自己也患有 ADD。

家长们分享彼此的故事，他们一起哭、一起笑、一起生气，一起想办法解决怎样和搞不清状况的人沟通的问题。随着时间的流逝，焦虑与恐惧少了，希望、期待和正向能量多了。到夏令营的最后一天，大家含泪道别，相约要保持联系。他们带着新想法和决心回家，致力于发掘孩子的潜能。

另外一所是新泽西州波特斯维尔的普儒诺女子中学（Purnell School)。该校 1963 年创建，是一所住宿女子高中，专收在其他学校有困难或有学习障碍的女生。

就像利勒诺一样，学生一旦进入普儒诺，一切都变了。她们找到了自己的优势，有了信心，开始迈向成功。全校 125 名女生对学习和人生都充满热诚。

普儒诺如此特别的原因之一就是校长珍妮弗・福克斯。福克斯在教育界工作多年，设计了一套专门发掘并培养学生优势的教学系统。她跟我说："很多学校想要像我们一样，可是他们没有正确的方法或系统，无法对所有的学生提供长期的有效教学。我们普儒诺有一套课程和方法，可以帮助任何学生。"

福克斯写的《优点教育的惊人力量》一书介绍了她的教学方法。如果你运用书中的方法，包括科尔比意动功能理论，你绝对能够发掘并培养孩子的优势。

虽然普儒诺学校专门教有学习障碍的学生，但任何老师都可以在任何学校采用福克斯的方法。

如果你无法让孩子上这样的学校，没关系。我之所以提到这些学校不仅是为了赞扬他们的教学方法，也是为了让你看到可以如何改善孩子的学习氛围，进而为孩子创造美好的童年。

你可以怎样为孩子创造一个充满联结的童年呢？强调优势，支持家庭传统，和学校合作（如避免用羞辱来教导孩子、让孩子在教室没有恐惧感），帮孩子寻找合适的家教或夏令营，找时间和孩子相处，一起和孩子疯玩，拒绝卷入现代童年忙碌并充满压力的步调中，还孩子一个快乐的童年，让孩子尽情地游戏、探险、成长和发育。即使没有一个理想的学校，你也可以让孩子拥有一个理想的童年。

分心孩子的教养法则

- 优秀的教育工作者的共通点就是，相信所有学生都有某种才华。老师必须创造一种学习环境，让每个人都可以用自己天生的做事风格学习和生活，这样他们的才华才可能被挖掘出来。
- 找时间和孩子相处，一起和孩子疯玩，拒绝卷入现代童年忙碌并充满压力的步调中，还孩子一个快乐的童年，让孩子尽情地游戏、探险、成长和发育。
- 即使没有一个理想的学校，你也可以让孩子拥有一个理想的童年。

第 13 章

大家齐心协力来帮助分心孩子

本书不会说明诊断和治疗的细节，因为在其他的书里已经写过了。本章将简短描述 ADD 诊断过程和治疗计划可能包括的内容，我也将描述一些新的治疗方法。这些方法虽然尚未经过双盲实验证明，但是我认为极可能有效。我有约 40 年的临床经验，詹森也有约 40 年的研究经验。由于我们的经验背景不同，对于未经科学证明的治疗方法，我们的立场也不尽相同。不过，没关系，直觉让我们在临床经验中找到新发现，科学则证实临床经验的发现。这也是我们决定合作写这本书的原因。

以下就是分心孩子的父母该做的事。

你的孩子分心吗

目前没有针对ADD的测验。就像许多心理学诊断一样，诊断是基于孩子的历史，医生根据孩子以往的经历判断孩子是否患有ADD。因此，**是否患有ADD，最佳诊断方式就是医学界最古老的诊断方法：个案史法。**

大家往往搞不懂这一点，就连一些医生也搞不懂。有无数的人来我们诊所想再次确诊自己是否患有ADD，但是其实他们并没有患ADD。他们的医生误以为根据神经心理测验或脑部断层扫描就可以判定患者有没有ADD。所以，患者做了一些测验后，立刻就被诊断患有ADD。

大错特错！诊断ADD不应该从测验开始，而应该从个案史开始，从孩子、父母和老师那里听到的故事开始。分心孩子的自我观察力往往不太好，而父母观察孩子时也不见得客观，所以老师的评语很重要。

我比较喜欢老师用文字描述一个学生，而不是用可勾选的评估表；詹森则喜欢文字描述和评估表结合着使用。即便是标准化的评估表，比如康纳斯评估表（Connors Checklist），也有疏漏之处。评估表有引导作答之嫌，我宁可请老师给学生写几句话。老师可以随意写下想到的事情，往往更能够提供有用的信息。如果孩子真的有ADD，并且没有其他原因，比如阅读困难或严重的抗拒行为，那么ADD的症状会经常出现在老师的文字描述里。

但是，你可能需要仔细揣摩字里行间的意思才看得出症状。我读过太多老师的评语，一看就知道他们在说些什么，有些评语往往用“品德评判”掩盖了 ADD 的症状。

举个例子，老师的评语可能这样写：

> 克里斯必须学会管理自己，专心一点儿。他必须不让自己那么容易分心。他必须更努力，即使没有兴趣。他必须记得带课本，并且准时到校。他上课时不该说话，他必须先举手再说话。以他的聪明才智，他的成绩应该更好。很可惜的是，他常常一开始表现非常好，1 小时之后就原形毕露。他需要更努力、更用功。我希望他痛下决心，下学期表现更出色。

我读过成百上千份类似的评语。在品德判断的评语里，我们可以看到典型的 ADD 症状：分心、缺乏组织性、表现不稳定、没有发挥学习潜能，以及易冲动。这些老师犯了很常见的错误：认为学生的问题完全是因为不努力。老师无法理解学生并不是不努力，而是脑神经异常。

根据父母、孩子和老师报告的个案史，有经验的临床专家可以做出 ADD 的诊断。他可以用神经心理测验进一步确认。这些测验很有意思，但无法只靠这些测验就下诊断。很多分心孩子在做神经心理测验时会很专心，因为这些测验是一对一施测的，非常有结构性，也很新奇，比如拼图、游戏和脑筋急转弯。神经心理测验好玩极了！孩子会想打败测验“小怪兽”，所以会更加专心，因此医生很容易得到错误的诊断。

我并不是说你不应该让孩子接受这些测验。测验可能有帮助，特别是如果你怀疑有其他因素困扰了孩子时，比如学习障碍。神经心理测验和正式的教育测验可以提供许多个案史无法提供的信息。况且，如果希望孩子在学校得到特殊教育的支援，学校往往要求家长提供这些测验结果。所以，如有疑问就去做这些测验，但也不要完全依靠测验来下诊断。

我在前面提到过，最好让孩子上网做科尔比儿童量表。父母自己也做一次成人量表，看看彼此做事风格的异同。大部分人在填之前没听说过科尔比量表，你需要跟他们解释一下，就像你需要跟老师解释一样。如此一来，对老师、对孩子都会有莫大的帮助。

父母往往不知道去哪里做测验。许多专业人员接受过 ADD 的训练，儿童心理师接受的 ADD 训练最多，但是儿童心理师真的很稀缺。**如果你找不到儿童心理师，可以尝试寻找专攻儿童发展的儿科医生、儿童心理专家、儿童神经科医生、受过专业训练的社工或任何其他有 ADD 治疗经验的临床医生，有些家庭医生也很了解 ADD。**

最好是跟就医经验丰富的人打听一下，询问他们的意见。我们看过几百个孩子因为没有找到真正懂得 ADD 的医生而耽误了就诊时间。你只要到处打听就很可能避免这种无谓的浪费，一定要找到你确定的擅长治疗 ADD，而且适合你和孩子的医生或专家。我们发现，寻找 ADD 治疗专家时，其他家长往往是你最佳的信息来源。

治疗分心

本书谈到的优势取向疗法应该是所有治疗方法的核心精神。你应该视治疗过程为发掘孩子优势的一次探险，而不是治疗疾病或矫正缺陷。

每个优势取向治疗计划都应该包括：

1. 诊断，包括天赋、优势、兴趣和梦想。
2. 做科尔比量表以及根据科尔比量表的结果设计策略。
3. 执行优势循环 5 步骤。
4. 告诉家人和学校老师关于分心的真相。
5. 改变生活方式。
6. 制订计划。
7. 寻求辅导或心理治疗。
8. 考虑药物治疗。
9. 考虑各种其他治疗方法。

步骤 1 ～ 4，请参考第 4 章、第 5 章、第 8 章、第 9 章、第 10 章和第 11 章。

步骤 5：改变生活方式

想要改变生活方式，特别需要注意下面 5 个方面。

● **睡眠。**分心孩子的睡眠多数时候是不足的。睡眠充足的人会自然醒来，不需要闹钟。如果睡眠不足，不管你有没有分心的症状，看起来都像有分心。

● **饮食。**饮食均衡，避免摄入过多糖分、人工添加剂和色素，避免食用垃圾食品。家里也不要放太多垃圾食品。医学研究显示添加剂确实会导致多动，所以尽量食用天然食物。我会建议给孩子每天吃含有欧米茄三型脂肪酸的深海鱼油，詹森则不确定是否有此必要。

● **运动。**每天运动可以改善大脑功能。约翰·瑞迪（John Ratey）在《运动改造大脑》（*Spark*）① 一书中详细列举了这方面的研究。所有孩子都应该每天坚持运动，绝对不能不让孩子上体育课，也绝对不能让孩子在休息时间一直待在家里。不要让孩子整天坐在沙发上看电视或玩游戏，缺乏运动对大脑无益。

● **祈祷或冥想。**现在有很多证据显示冥想、祈祷或其他正念活动可以让大脑专注当下、平衡情绪以及促进身体健康。哈佛大学的赫伯特·本森（Herbert Benson）和马萨诸塞大学医学院名誉教授乔·卡巴金（Jon Kabat-Zinn）在这方面进行了很多研究，证明这些活动可以促进身心健康。加州大学洛杉矶分校的休·斯莫利（Sue Smalley）的研

① 本书源自哈佛医学院长达 20 年的研究，告诉人们运动可以帮助提升学习效率，对抗压力和焦虑，让生活更幸福。该书中文简体字版已由湛庐引进，中国人民大学出版社于 2013 年出版。——编者注

究则显示这些活动对治疗分心很有帮助。孩子可以很轻易地学会冥想、祈祷或其他正念活动。

- **正向的人际接触。**我们认为这可能是改变生活方式最重要的一步。我称之为“联结维生素”。正向的人际接触，比如友善的问候、拍拍背，以及和朋友一起大笑对身心都有益，而缺乏正向的人际接触会有害身心健康，分心孩子的情况正是如此，就像我们的身体缺乏维生素会出问题一样。相信孩子每天会与他人有数次正向的人际接触的机会。当你每天忙于治疗和修正孩子的问题时，很容易忘记这一点。

步骤 6：制订计划

这里说的计划指的是外在的工具，可以用来弥补分心者内在缺乏组织计划性的不足。比如，分心孩子的大脑不太会分类归档，你需要帮助他们建立一个体系，以便他们知道什么时候该做什么。最好的体系是和孩子一起专门设计的符合他的需要的独特体系，毕竟一个鞋码装不下所有孩子的脚。

计划听起来不起眼，但是很有用。如果可以正确使用，计划可以减轻分心的许多负面症状。分心的学生进入大学后最主要的困难就是，离家后父母不再为其量身定制计划。

分心者往往排斥计划，因为他们觉得计划很无聊、没有创意，并且很烦琐。其实，真正的原因是制订计划让他们感到痛苦和陌生，但是计划非常重要。

你必须帮助孩子熟悉计划，并和计划交朋友。这会像跟刺猬交朋友一样困难，碰一下就很痛，但还是要坚持下去。比如，你可以选择用闹钟帮孩子设定起床的时间；你可以找到一种提醒方式帮助孩子记住要做的事；你可以制定一份读书时间表，每次不要让孩子读太长时间，也不要期待他能不间断地读下去；你可以为孩子寻找一个适合孩子的读书氛围（我知道有的孩子喜欢背靠洗碗机，在厨房读书）。别忘了列出对应的时间。

有时候，一本教人如何建立组织性的书很有帮助，这种书也有很多。戴维·艾伦（David Allen）[①]写的《搞定》（*Getting Things Done*）系列图书就很棒。最重要的是，用创意建立计划。计划可以让你和孩子自由，计划不会限制你，而是允许你发挥最大潜力。

步骤 7：寻求辅导或心理治疗

通常，教练可以帮助孩子建立有组织性的体系。让父母帮助孩子建立体系可能很难，因为父母会唠叨孩子，所以整件事情就变成了亲子间的斗智斗勇。如果请一位组织教练来帮助孩子，教练不会唠叨，这个过程可能会比较顺利。分心者的教练越来越容易找了，但是一定要找个适合孩子的

① 戴维·艾伦是世界颇具影响力的个人与组织效率思想家之一，提出 GTD（Getting Things Done）时间管理法，所著的《搞定》系列图书风靡全球。——编者注

好教练。南希・瑞迪（Nancy Ratey）是个好教练，她写过一本书叫《无组织的脑》（*The Disorganized Mind*），书里谈到如何为孩子（或你自己）找个好教练。

不同的心理治疗方法也可能有帮助。行为治疗系统地运用奖赏和惩罚帮助孩子学习控制冲动和多动的行为，是目前最有效的治疗方法。但是正如詹森的个人经历一样，如果孩子表示抗拒或是亲子关系不和谐，行为治疗可能会起反作用。通常情况下，有分心者的家庭会发展出很强的对立争执。每天，家中都充满了争吵，连家庭作业这样的日常事务做起来也很困难。每个家庭成员都卷入家庭的战争中，家庭中充满了抗议、拒绝、责备、忽视、吼叫。和训练有素的行为治疗专家讨论几次，往往可以打破这种对立，而擅长处理这类问题的家庭治疗师也可能有帮助。你必须仔细挑选治疗师，因为有些治疗师可能会认为是“母亲管教不严”“父亲常出差”“婚姻出了问题”等原因造成了孩子的行为问题。而事实上，真正的问题是分心。

步骤 8：考虑药物治疗

迄今，药物是被研究最多、治疗分心最有效的方法。从 1937 年开始，就有人使用兴奋剂治疗分心。很少药物可以有这么长的历史——超过 80 年了。大部分人都害怕用药，只是因为他们不了解药物。其实，只要通过有经验的医生开处方，兴奋剂非常安全，可能比阿司匹林更安全。

大部分父母一听到孩子可能需要服药，就会立刻抗拒。我们强烈建议不要让情绪干扰你的决定，先看看现实情况。很多人问我们“相不相信用药”，我们会说用药不是迷信，而是科学。**只要使用得当，兴奋剂可以让 80%～90%的分心者改善专注力，而剩下的 10%～20%的分心者或是没有得到改善，或是因药物的副作用太大而放弃服药。**如果使用得当，药物的副作用应该只是让胃口变差，但是不会改变体重。

如果你找到一个有经验的医生，就有机会因兴奋剂而受益。似乎转瞬间，孩子就能够专注了、成绩提高了、优势出现了、信心和动机也增强了。正向循环取代了负向循环。

当人们抱怨药物的副作用时，我们会跟他们解释，只要处方正确就不太可能会有副作用。

药物的副作用包括食欲缺乏、失眠、焦虑不安、反应迟钝、兴趣减退、心跳加快、血压升高、头痛、晕眩，以及不自主的肌肉抽动。只要减低剂量或停药，这些副作用就可能会消失。我们认为只要在良好的监督下用药，就不太可能会有副作用。解释之后，我们会请父母想一想不用药物会给分心者带来怎样的影响，比如多年的挫败感、低成就感和自我怀疑。

药物不能解决一切问题，也不应该是唯一的治疗方法，但如果药物是全方位的优势取向治疗计划中的一环，那么就会非常有帮助，也很安全。

步骤 9：考虑其他治疗方法

本书的大部分内容都是关于非药物治疗，即通过家校协作和有计划、有组织的行动，来发展个体的优势和天赋，使个体达致内在的平和与愉悦。

还有其他的治疗方法吗？事实上，有许多替代疗法或辅助疗法。现在我要谈谈我最熟悉的，也是我曾使用的 3 种治疗方法。

- **鱼油。**我在步骤 5 中提到过，服用深海鱼油，补充 ω-3 脂肪酸（omega-3）对改善分心很有帮助。

- **小脑刺激。**詹森和我都认为，小脑刺激治疗的效果目前尚未得到科学证明，需要更多的研究，但是，我们两个人都认为小脑刺激很可能是有效的。长久以来，小脑被大家忽略，因为人们不了解小脑的功能。人们以为小脑只负责维持身体平衡、协调随意运动和控制身体姿势，但是现在我们知道小脑和大脑前叶有神经联结，对大脑思维的影响远比我们所知道的要多得多。

  即使未经科学研究证实，有些临床医生也早就这样认为，而且使用刺激小脑的活动来治疗 ADD、阅读障碍、运动障碍（dyspraxia），以及其他障碍。这些刺激小脑的活动有：健脑操（Brain Gym）、突破性学习（Learning Breakthrough）等。

  我和詹森都很熟悉的小脑刺激方法是英国的温福德・多尔（Wynford

Dore）发明的。2003年，因为我儿子杰克的问题，我接触到这个方法。杰克能够阅读，但是痛恨阅读，让他读书简直如遭受酷刑一样。一般的干预方法都不见效，而身为专家，我也无能为力。

后来，我听说了多尔。我去见他，学习小脑刺激的方法。多尔表示，只要杰克每天做两次 10 分钟的简单运动，坚持数月或一年，就很可能会克服抗拒阅读的问题。

这些练习很简单，比如在平衡板上站立、闭眼单脚站立、丢球抛接等，但是必须每天做两次，绝不能间断。要杰克每天刷牙都很困难了，何况进行这样的练习，我很怀疑这个方法是否行得通。

我太太自愿陪杰克一起练习。因为她常常把车开到人行道上，每年她都弄坏好几个轮胎，小脑刺激练习会帮助她克服这个问题。于是，我太太和杰克一起开始做这项练习，每天早晚各一次在厨房一起练习。

起初几个月没有任何改变。大约到了第 4 个月，奇迹发生了：杰克开始喜欢阅读。我简直无法相信，我特别感激多尔。我开始阅读一切关于多尔的小脑刺激方法的资料。

后来，我太太没有再把车开到人行道上。她和杰克总共做了 8 个月的练习，然后就停了下来。但是练习给他们带来的改变是永久的，停止练习并没有让他们退步。

我以前是多尔聘请的顾问，你或许会说我因此有偏见，但我的责任只是提供多尔的意见，不是帮他大肆宣传。我向詹森介绍了多尔的方法。

詹森是世界级的研究者。当时关于小脑对分心者影响的研究很匮乏，而詹森对这个主题很感兴趣。他自己筹集到经费，将多尔的方法与对照组和药物治疗的效果进行比较。不论结果如何，詹森的研究都将为我们提供极为珍贵的信息。

因为种种原因，多尔公司已经关闭了，但是希望在未来重新开张。我的诊所仍然提供小脑刺激治疗。虽然多尔公司的未来还不确定，但小脑刺激的未来值得期待。

除了多尔之外，还有其他临床医生也使用小脑刺激的方法。

我的经验表明，多尔的方法值得一试。结果并不重要，我觉得重点是能不能认真做。让孩子每天做两次 10 分钟的练习，一做就做几个月，这并不容易，尤其是不会立刻就看到成效。你需要找人跟你一起做或是请一位教练。即使是杰克，他那时候也没有只尝试药物治疗这一种方法。

- **神经反馈治疗。**詹森和我都认为这个方法尚未被证明有效。神经反馈技术提供即时的脑电波反馈，帮助患者学习控制脑部活动。多年来，我觉得神经反馈很有道理，但是治疗设备太复杂了，费用也太昂贵了。在传统的神经反馈治疗里，共需要 30 ～ 40 个星期的疗程，患者必须每个星期到诊所一两次，每次要花 100 美元。对于一个未经科学验证的疗法而言，实在是太贵了，但是我对这种疗法一直很感兴趣。

几年前，我在会议上作报告时遇见了莱恩·奥克斯（Len Ochs），他告诉我他发明了新式神经反馈疗法。患者只需要 15 ～ 20 次治疗，每次治疗只需要几分钟的脑部刺激。患者静坐在一处，让相当于手机千分之一能量的超低能量无线电波通过脑部，改变脑波。

奥克斯称之为“低能量神经反馈刺激”（Low-Energy Neurofeedback System，LENS）。奥克斯自己也还不了解这种治疗的机制，但是他使用这个方法治疗了很多病患，包括分心者和焦虑症患者，效果非常好。

我对此印象深刻，立刻请同事去受训，并在我的诊所提供这种替代疗法。我们看到很多患者即使没有用药也能得到很好的疗效。

我看得越多，越感兴趣。我想知道低能量神经反馈刺激对我有没有疗效。我的分心已经控制得很好了，但是我还有一个困扰了我一辈子的症状：一直为鸡毛蒜皮的小事担心，所以不能快乐、平静。我决定试试这种疗法。

治疗的结果是惊人的。我的朋友、太太和同事都可以作证，我比以前放松，不再那么爱担心了。我内心深处那个黑暗的死结被打开了。

我必须声明，这个方法未经科学证明。就像小脑刺激的治疗方法一样，我们需要进一步仔细研究。虽然如此，我还是希望告诉读者这个我认为极为有效的疗法。

还有许多其他的替代疗法或辅助疗法，比如针灸、捏脊及营养干预。我个人愿意尝试任何安全、合法的治疗手段。我们必须对新事物保持开放的心态，才能学习新知识、新理念。

全方位的优势取向疗法包括本章介绍的所有要素。你还在等什么?

请加入我们

我们期望本书能联合起强有力的团队进行合作，并改变数百万人的生活。希望你读了这本书能感觉到某种联结，不只是和我及詹森的联结，也是和数百万人的联结，比如和分心孩子的父母、和还不了解孩子有什么问题的父母，以及和许多努力挣扎但仍未找到出路的孩子的联结。

自古以来，总是有人认为聪明和愚笨、正常和不正常之间还有很多想象空间。他们认为分心孩子拥有某些特殊天赋，他们尽力寻找发掘孩子才华的方法。这些人都是这个团队合作与联结的一部分。其中也包括许多坚持不懈、努力找寻正确出路的孩子和成年人。

虽然有些人仍不了解分心，但是已有越来越多的人了解分心。我们希望你可以感觉到这些真正了解并关心分心孩子的老师、医生和其他专业人士的温暖支持，并越来越有信心站起来为自己和孩子发声。我们希望你读了这本书，知道如何寻求帮助，并知道自己不是孤身作战，而是有越来越多的奋斗伙伴。我们将一起努力，改变教育，改变这些孩子的生活。

你不再是一个人，有许多人愿意帮助你。有很多父母和家庭遇到了相同的困难，他们的孩子成功了，并让我们看到了希望和正确出路。读完这本书，你可以欣然一笑了，你了解到有办法解决问题，知识赋予你力量和自由。你知道即使困难重重，但只要坚持努力，终将迎来柳暗花明。

你可以到我的网站（www. drhallowell. com）注册账号，订阅我的电子邮件，加入我们的团队。加入这个大家庭吧！我们一起努力让世界变得更好，让每个人都可以发挥优势，让每个孩子都可以无惧地成长，让每个孩子都可以追求自己的梦想，勇敢自信地走向成功。

分心孩子的教养法则

- 是否患有 ADD，最佳诊断方式就是医学界最古老的诊断方法：个案史法。
- 优势取向疗法应该是所有治疗方法的核心精神。每个治疗计划都应该包括：诊断、科尔比量表、优势循环 5 步骤、告知家人和学校老师分心的真相、改变生活方式、制订计划、寻求辅导或心理治疗、考虑药物治疗，以及考虑其他各种治疗方法等。

改善孩子行为的策略

专注于正向思考

- 至少列出孩子的 3 个优点。你必须常常提醒自己，孩子很棒、很有才华。
- 至少列出 3 件你对孩子尽职尽责的事情。
- 将这些优点写在纸上，贴在墙上或冰箱门上。
- 一起庆祝!

设立一套奖励制度，鼓励好行为

- 起初给予奖励的行为数要少。选择一两种行为，比如孩子发脾气或顶嘴的频率减少了。
- 期待要简单、合理。比如让孩子收拾房间或把脏碗拿到水槽里，你也可以期待孩子不争辩、不哭闹、不吼叫或不表现出其他糟糕的态度。

- 通过列行为清单鼓励孩子。
- 用贴纸或小星星代表好行为。比如当孩子乖乖把脏碗拿到水槽时，就奖励他一颗星星。
- 当星星累积到某个数量之后，就给孩子奖励，比如买玩具、看电影或陪他玩。
- 目标行为要在孩子达得到的范围内。孩子必须看到良好行为会带来好结果，奖励制度才会有效。设定孩子达得到的目标，即使这个目标一时还达不到你期望的标准。
- 年纪小的孩子需要立即奖励，让他等一个星期可能太久了。设定比较低的门槛或是一天内可以达成的目标，给孩子即时的奖励，比如在业余时间看电视或玩电脑。
- 孩子的行为在变好之前也许会先变得更糟，因为他可能想测测作为父母的你能否言行一致。

制订计划是必要的

- 制定统一的规则及固定的时间表，可以帮助孩子管理好自己的生活和学习。

不要超出孩子能掌控或承受的范围

- 避免过多刺激。分心者无法甄别大部分人习以为常的视觉和听觉刺激。嘈杂的地方、五颜六色的店面陈列都可能对孩子造成过多刺激，因此让他很难控制自己的行为。

- 选择孩子少、老师多，师生比比较高的幼儿园。
- 如果孩子受不了，就避免出席正式场合、逛街购物或外出用餐。

为困难情境提前做好计划

- 出游时，为孩子的良好行为准备特别的奖励。
- 出门前，帮助孩子回顾规定和奖惩办法。

为即将到来的改变做准备

- 提前告诉孩子一天的日程表，让孩子清楚会发生什么事情。
- 在离开或参加其他活动的前 15 分钟、10 分钟或 5 分钟时都要提醒孩子。

日常生活要有规律

- 用餐、洗漱、其他事务及睡觉时间等越规律越好。

试图引导（而不是阻止）

- 分心孩子活力充沛、比较随意、注意力短暂。用平缓的语气提醒他："记得吗？现在要准备上学了。"这种方法足以帮他完成任务，你也可以因此省些力气。

注意孩子的良好行为

- 夸奖要比责备多，最好是在 5 句夸奖中有 1 句责备。
- 告诉孩子你希望看到什么，当看到的时候一定要夸奖他。比如说："很高兴你能静静地等着轮到自己玩这个玩具，你真棒！"
- 忽视无害的恼人行为，比如孩子发出的噪声、一直提出的问题等。

让孩子知道你期待他做什么

- 要说"请走过去"，不要说"不准跑"。
- 一次只给一项指令。
- 有些分心孩子很难一心两用，比如在他系鞋带的时候，他不会听你说，而要等到孩子能够专心听的时候再对他说。
- 在家里和学校都使用奖励制度，可以用贴纸或小星星。

延长孩子的注意力持续时间

- 鼓励缓和、不躁动的行为，比如夸奖、竖起拇指或拥抱他。
- 一次只让孩子玩几个玩具，但是要经常给他换玩具。

制定一致的纪律

- 管理越少越好。立下少数几条清晰的规定，坚持让孩子遵守。
- 多行动，少说几句，尤其是不要用语言威胁孩子。

- 不要体罚。可以让年龄小的孩子休息一下，不要频繁参加活动。对年龄大一点儿的孩子，可以撤回某项奖励。

经常和老师沟通

- 和老师一起制定规则和奖惩方法。
- 为孩子发声。
- 让老师、家人和朋友了解分心。

经常给孩子正向反馈

- 将活动分解成许多小步骤。
- 对于比较复杂的任务要逐步列出步骤。

提供安全的游戏环境

家有分心孩子的父母指南

刘翔平 教授

- 北京师范大学心理学部教授、博士生导师

刘教授对分心孩子的父母说：

“我研究学习障碍已经 40 多年了，有一群孩子经常进入我们的视野。他们好动、冲动，总被父母和老师认为是成心捣乱，不服从管教。其实，分心孩子是因为在控制注意力方面有困难，所以才会成为大家眼里的‘捣乱分子’。他们自己也不知道为什么会做出那些惹人厌的行为，但可以肯定的是，他们不是故意的。分心孩子也有很可爱的一面，比如他们很热情，有好奇心和创造力。作为父母或老师，我们应该了解什么是分心

或 ADD，理解这些孩子，接纳他们，让他们可爱的天性成为创造价值的优势。”

1. 家长的疑惑

多数孩子都很活泼好动，但并不一定患有 ADD。学龄前分心儿童的突出特点是什么？上学后，分心儿童的突出特点是什么？

刘教授解答

注意力障碍的一个特点就是孩子年龄越小越好动，随着年龄的增长，多动的现象会有所减少，而更多地表现出注意力不集中。注意力不集中不像多动那样容易诊断，但细心观察还是能发现的。

学龄前儿童与学龄后儿童分心的表现相差无几。一般有如下表现：第一是眼神发呆，不能跟随老师的动作和讲课内容，有时会在课堂上发困；第二是易被无关刺激干扰，比如出现异常声音的时候，他们会转头，其他孩子可能也会转头，不同的是，其他孩子很快会回过神来听老师讲课，而分心孩子一旦注意力分散就很难回过神来；第三是当讲课内容枯燥时，他们就会马上走神，而其他孩子明显比他们更能容忍枯燥的讲课内容。

2. 家长的疑惑

分心孩子经常会受到老师的批评、同伴的嘲笑，他们的自尊心会受到伤害，家长如何帮助孩子提升自尊和自信呢?

刘教授解答

提高自尊通常的做法是表扬，但虚假的表扬可能适得其反，让孩子觉得大人不真诚。

真诚的表扬要求家长有一颗欣赏和接纳孩子的心，而这来源于全面、正确地看待孩子，并发现孩子的优点。有些孩子看似优点很少，学习不认真，玩也玩不好，行为举止也不如其他孩子，但他们还是有很多优点的，比如诚实、本分、有爱心等。

优势可以分两个方面：一个是能力方面的；另一个是品行或人格方面的。如果孩子能力落后，就要找他们性格上的优点。找到了，就要去鼓励他们。这样，孩子就会相信自己有价值，会觉得自己是可爱的。

3. 家长的疑惑

分心孩子实在是“灾难”制造者，家长经常被他们搞得气急败坏，家长怎样做才能缓解自己的压力，继续坚持对孩子的爱呢?

刘教授解答

第一，从发展的角度看问题，孩子出现的问题一定是发展中的，是暂时的；相信只要自己有耐心，不打击孩子的自尊，这些问题一定会过去。

第二，不要把孩子当作生命中的唯一内容。有些家长自己的事业不成功，或者不热爱自己的工作，就把全部精力放在孩子身上，当孩子出现各种问题后，就会放大问题，每天都想着如何解决问题，结果导致焦虑，并出现恶性循环。人生的意义有很多，家长要灵活应对，压力才会小。

第三，换位思考，当家长出于情绪化而说出一些伤人的话时，要设想如果自己是孩子，听到这样的责骂会有什么感受，能否解决实际问题，是不是会适得其反。

其实，家长的教育方法还与家长自己的人格和小时候的经历有关，只要家长心理健康，自然就不太会做出极端的、伤害孩子的事情。

4. 家长的疑惑

如果家长怀疑自己的孩子有注意力障碍的问题，您认为他们去哪些专业机构寻求帮助比较可靠？

刘教授解答

各家机构的性质会有所不同，所以需要家长根据自己孩子的特点和需求进行选择，最适合的就是最好的。我列出了国内几家有资质的机构供大家选择：

1. 在医疗机构中，北京大学第六医院有专门的 ADD 门诊，主要是从医学角度对儿童进行治疗，还有生物反馈治疗。

2. 首都医科大学附属北京儿童医院，主要是进行药物治疗。

分心的孩子一般不适合心理咨询，因为心理咨询主要是谈话性的，不能解决孩子的注意力问题。

5. 家长的疑惑

国内对分心孩子存在的普遍误解是什么？

刘教授解答

有人认为不存在分心的问题，小孩子注意力不集中是普遍存在的，长大以后，注意力不集中的问题就会消失。这种看法是错误的，分心作为一种身心障碍，会极大地影响学习效率，使孩子不能很好地完成学习任务。无数事实证明，分心孩子在脑功能、脑的发展方面与其他孩子是存在差别的。

有些老师会夸大分心的问题，他们认为，班上 80% 的孩子都有注意力问题，他们不能容忍任何分心。其实，真正分心的孩子并不多，大约有 5% ～ 8%，只有存在严重妨碍了完成学习任务的注意力障碍，才有可能是分心者。

还有人认为，如果孩子在玩耍、看电视时能集中注意力，那就不是分心。这是最常见的误解，分心孩子一般在游戏中表现得并不差，尤其是在游戏开始的阶段。他们的表现有两个特点：第一是在枯燥的活动中，注意力不足表现得极为明显；第二是不能坚持，即使是有趣味的活动，他们也比一般孩子的坚持能力差。

6. 家长的疑惑

很多家长都知道要鼓励患有分心的孩子，但方法往往不对，比较常见的错误方法有哪些呢？

刘教授解答

1. 违心地表扬，照搬书上的方法，无根据地表扬孩子。

2. 不敢批评孩子，有些家长机械地理解专家的话，只知道要鼓励孩子，不知道孩子也需要批评。是人就会犯错误，接受批评是正常的，只要批评是合理的，就会有利于成长。家长要用是非标准来要求孩子，如果发现孩子错了，可以批评，甚至可以有情绪地批评。所谓鼓励孩子更多的是指家庭气氛应该温暖、充满爱，应该是支持性的，而不是冷漠敌视的，但落实到行为上，不可能总是鼓励孩子而没有批评。

3. 表扬孩子不能过于抽象，表扬与鼓励孩子和批评孩子一样，都要避免针对人格，而要针对行为。表扬与鼓励要跟在某一具体行为之后，让孩子感觉是自己某个行为做得好。这样孩子才能学会什么是正确的行为。

7. 家长的疑惑

分心孩子通常拥有哪些优点？他们特别擅长做哪些事情？

刘教授解答

这个问题因人而异，每个孩子都有其自身的优点和擅长的事情，而且个体间的差异也很大。其实，回答这个问题最合适的人选是家长自己，因为家长最了解自己的孩子。作者在书中介绍了一些发现孩子优势的方法，这些方法都很值得借鉴。

8. 家长的疑惑

中国的父母总是很忙，什么方式最适合他们发掘分心孩子的优势？

刘教授解答

首先，家长可以多陪孩子玩游戏，优势不是从静态的观察中发现的，而是在活动中发现的，每个活动都是展示优势的机会，所以要多给孩子提供这样的机会。家长不要认为这是在浪费时间，这其实是最好的教育。

其次，要多与孩子沟通，有些家长只知道监督孩子做作业，平时从不和孩子说知心话。其实，孩子是很愿意与家长说知心话的，通常是因为家长只问学习的事情，而使孩子心灰意冷，关闭了沟通的大门。家长要与孩子谈天说地，尤其要谈论孩子感兴趣的话题。此外，家长的脾气要好。

最后，家长要真诚，要真正理解发挥优势的道理，不要把发挥优势变成手段。不要以为指出了孩子的优点，孩子就会听话，就会服从。其实，发掘优势就是目的本身，是对人性的一种尊重。

9. 家长的疑惑

在中国，是否有比较可信的测试，来帮助分心孩子找到自己天生的做事风格?

刘教授解答

国内还没有成熟的测验。目前，职业选择测验较为成熟，这个测验有助于发现孩子的职业兴趣、职业人格和职业能力。孩子上中学后，家长可以考虑给孩子做有关的测试。

另外，也可以给孩子进行多元智能测验，这个测验除了测量与学习有关的能力之外，还能测量孩子其他方面的能力，比如音乐能力、运动能力及人际交往能力等。

10. 家长的疑惑

目前，分心孩子占在校学生的比例大约多大？有必要将分心孩子送入特殊学校吗？

刘教授解答

分心孩子一般占学校学生的 5% ～ 8%，男孩比女孩多，各国分心孩子占学校学生的比例相差不大。

我国没有专门招收分心孩子的全日制学校，也没有专门招收有学习困难的孩子的全日制学校，而在西方发达国家有这样的学校。我国的特殊教育学校主要是招收智力落后的学生，或有其他生理残疾的学生，比如聋校或盲校，而没有专门针对有心理问题学生的全日制学校。

11. 家长的疑惑

父母应该向老师隐瞒孩子的真实情况还是如实相告？父母怎样做才能得到老师最大程度的协助？

刘教授解答

家长应该将孩子的情况如实告诉老师，取得老师的理解。尤其要从身心功能落后的角度对老师进行解释和说明，让老师相信分心是有生理原因的，而不是品行问题。这样，老师就不会再把学生的问题归结为自己的教学问题，其压力自然会减少，处理问题的角度也会转变，他会带着同理心来教育孩子。

家长要理解老师的付出，要把老师当作一个有情绪的、有感受的人来对待，理解老师的辛苦和情绪，不要计较老师的态度。家长要看到有些老师是因为不了解自己孩子的问题才急躁发火的。与老师沟通时，家长要尽量表现出自己的努力与付出，可以将测试结果告诉老师，表明你也在努力。老师有时冲你发火是因为他认为你付出得太少，如果你态度好了，他的怒气自然就消了。

12. 家长的疑惑

作为中国的老师，怎么做才能既保证教学秩序，又能让分心孩子得到应有的发展?

刘教授解答

1. 如果分心孩子不妨碍他人，可以把孩子调到第一排，经常叫他们发言。

2. 将讲义、课件做成彩色的，颜色要鲜艳，以此吸引孩子的注意。

3. 提高音量，把自己说话的声音放大，以刺激孩子的注意力。

4. 利用行为矫正技术，比如代币制[①]，设立严格的奖惩制度，来强化孩子的行为规范。

13. 家长的疑惑

中国目前对分心孩子的诊断和治疗现状如何？未来的发展方向是什么？

刘教授解答

目前，对于分心的诊断主要是问卷、访谈，结合行为测试进行。我认为，两者结合效果最好。只有问卷和访谈，不了解孩子的行为表现，这样的诊断是不全面的。只有行为测试，则无法了解孩子日常的行为表现。所以，结合家长的描述和孩子本人的行为测试的诊断，效果最好。

ADD 的治疗方法主要有两种：一是药物治疗，包括兴奋剂和非兴奋剂治疗，其特点是疗效快，但缺点是有一定的副作用，而且要长期服用。另外，药物对 ADHD 更有效，而对 ADD 效果不好。二是心理教育，主要通过行为－认知训练来矫正孩子的问题。其特点是见效慢，但没有副作用，能引起行为的长期改变，并提高孩子成绩。

① 代币制：又称标记奖酬法，儿童用手中的代币可换取自己希望的奖励。通过应用代币来帮助儿童建立良好行为的方法。——编者注

今后分心的治疗与矫正主要还是个性化的问题。目前无论使用什么方法治疗，总有一部分人的治疗未取得效果，如行为－认知训练能提高学习效率，但对伴随行为问题和冲动问题的人效果不好，行为问题可能需要心理咨询。而在生物反馈训练中，仍然有一半人无效。所以，如何对不同类型的分心孩子进行有针对性的治疗是一个未来要解决的问题。

未来，属于终身学习者

我们正在亲历前所未有的变革——互联网改变了信息传递的方式，指数级技术快速发展并颠覆商业世界，人工智能正在侵占越来越多的人类领地。

面对这些变化，我们需要问自己：未来需要什么样的人才？

答案是，成为终身学习者。终身学习意味着永不停歇地追求全面的知识结构、强大的逻辑思考能力和敏锐的感知力。这是一种能够在不断变化中随时重建、更新认知体系的能力。阅读，无疑是帮助我们提高这种能力的最佳途径。

在充满不确定性的时代，答案并不总是简单地出现在书本之中。“读万卷书”不仅要亲自阅读、广泛阅读，也需要我们深入探索好书的内部世界，让知识不再局限于书本之中。

湛庐阅读 App：与最聪明的人共同进化

我们现在推出全新的湛庐阅读 App，它将成为您在书本之外，践行终身学习的场所。

- 不用考虑“读什么”。这里汇集了湛庐所有纸质书、电子书、有声书和各种阅读服务。
- 可以学习“怎么读”。我们提供包括课程、精读班和讲书在内的全方位阅读解决方案。
- 谁来领读？您能最先了解到作者、译者、专家等大咖的前沿洞见，他们是高质量思想的源泉。
- 与谁共读？您将加入优秀的读者和终身学习者的行列，他们对阅读和学习具有持久的热情和源源不断的动力。

在湛庐阅读 App 首页，编辑为您精选了经典书目和优质音视频内容，每天早、中、晚更新，满足您不间断的阅读需求。

【特别专题】【主题书单】【人物特写】等原创专栏，提供专业、深度的解读和选书参考，回应社会议题，是您了解湛庐近千位重要作者思想的独家渠道。

在每本图书的详情页，您将通过深度导读栏目【专家视点】【深度访谈】和【书评】读懂、读透一本好书。

通过这个不设限的学习平台，您在任何时间、任何地点都能获得有价值的思想，并通过阅读实现终身学习。我们邀您共建一个与最聪明的人共同进化的社区，使其成为先进思想交汇的聚集地，这正是我们的使命和价值所在。

图书在版编目（CIP）数据

浙江省版权局
著作权合同登记号
图字:11-2023-088号

分心的孩子这样教 / (美) 爱德华・哈洛韦尔 (Edward M. Hallowell) ，(美) 彼得・詹森 (Peter S. Jensen) 著 ; 丁凡译. — 杭州 : 浙江教育出版社, 2023.4 (2024.10 重印)
ISBN 978-7-5722-5704-9

Ⅰ. ①分… Ⅱ. ①爱… ②彼… ③丁… Ⅲ. ①亲子教育—家庭教育 Ⅳ. ①G781

中国国家版本馆CIP数据核字(2023)第063296号

上架指导：心理学 / 注意力管理

分心的孩子这样教

FENXIN DE HAIZI ZHEYANG JIAO

[美] 爱德华・哈洛韦尔 彼得・詹森 著
丁 凡 译

责任编辑：沈久凌
美术编辑：韩 波
责任校对：李 剑
责任印务：曹雨辰
封面设计：ablackcover.com

出版发行：浙江教育出版社（杭州市环城北路177号）
印 刷：石家庄继文印刷有限公司
开 本：710mm ×965mm 1/16
印 张：12　　字 数：160 千字
版 次：2023 年 4 月第 1 版　　印 次：2024 年10月第 4 次印刷
书 号：ISBN 978-7-5722-5704-9　　定 价：79.90 元

如发现印装质量问题，影响阅读，请致电 010-56676359 联系调换。